スポーツを殺すもの

谷口源太郎

花伝社

目次

I だれがスポーツを殺すのか

II スポーツ帝国の支配者たち

写真提供――（株）フォート・キシモト

第Ⅰ部

だれがスポーツを殺すのか

序章

サッカー・ワールドカップ狂想曲

一九九六年五月三一日、ＦＩＦＡ（国際サッカー連盟）は、二〇〇二年のサッカー・ワールドカップを日本と韓国との共同開催にすることを決定した。ＦＩＦＡ内部の権力抗争を背景にしながら政治外交力を存分に発揮した韓国側の狙い通り、政治的妥協の産物として「共催」が実現されたのだ。したがって「共催」を真に意義あるものにするかしないかは、日本、韓国双方の取り組み方にかかっていた。

大会開催までの六年間、「共催」を契機として過去の歴史によってつくりだされた日韓の間の溝が少しでも埋められるのではないかと期待された。しかし、日本の組織委員会は、自国中心の「分催」意識を持ち、それに対抗するように韓国組織委員会は、日本に負けるなという「競（争）催」の姿勢だった。

こうして、「共催」の意義を追求するために両国の組織委員会が連携、協力体勢を構築するということのないままに大会開催を迎えたのだった。

二〇〇二年五月三一日、ソウルワールドカップ競技場で「二〇〇二年韓日共催サッカー・ワール

2002年韓日サッカー・ワールドカップで優勝したブラジルチーム

ドカップ」の開会式が行なわれた。そのＶＩＰ席にあまり歓迎されない人物が少なくとも二人いた。一人は、ＦＩＦＡのブラッター会長であり、もう一人は小泉純一郎首相。

五月二九日に行なわれた会長選で再選されたばかりのブラッター会長には、資金の不正流用などの金銭スキャンダルによるダーティーなイメージが色濃くつきまとっていた。

鄭夢準・韓国サッカー連盟会長（ＦＩＦＡ副会長）が反ブラッター派の先頭に立っていたこともあってスタジアムを埋めた韓国の観衆から大きなブーイングが起きた。

一方、小泉純一郎首相は、国家主義の政治路線をひた走るなかで靖国神社への公式参拝を断行して韓国人を怒らせた。その怒りの激しさにあわて、わざわざ訪韓して誤解を解こうとしたが小泉首相の誠意のない軽佻浮薄な言説は、まったく信頼を得られなかった。

この二人は、大会を通じて巻き起こされたワールドカップ狂想曲を象徴する存在になった。FIFAは、世界の国や地域にある二〇四の協会を束ねるとともに二億四〇〇〇万人といわれるサッカー人口の頂点に立つ公共的性格を持つ国際組織である。

それにもかかわらず、二四年にわたり権力の座に君臨したアベランジェ前会長と後継者であるブラッター会長は、FIFAを私物化するとともに拝金主義を徹底させ不透明な財政や関連業者との癒着などにより伏魔殿にしてしまった。

大会が開幕するやいきなり空席問題が持ち上がり、大騒ぎとなった。その原因を探った結果浮かび上がったのは、チケットの制作販売を請け負ったバイロム社(イギリス)の存在だった。FIFA内部から、バイロム社との契約は、ブラッター会長と業者の癒着関係を象徴するものだとの批判がでた。

市場主義・商業主義に加えて利権体質のブラッター会長体制は、FIFAの信頼を徹底的なまでに失墜させた。FIFAの拝金主義の影響を受けて、報奨金の要求を当然とするチームが続出した。ワールドカップは、今や一大スポーツ・スペクタクル(興業)であり、たんまり興業収入を得られる打ち出の小槌なのだ。選手たちは、その興業を支えるタレントであり報奨金を得る権利があると考えてもおかしくない。

日本の大会招致委員会は、招致に七〇億円ともいわれる巨額を投じ三兆三〇〇〇億円の経済波及効果を期待した。そのために、大会後の管理運営（財政や有効利用など）について明確な展望を持たず巨大な無駄が明らかな一〇の巨大スタジアム（そのうち改築は三競技場）を建設。共同開催ということで大会に必要なのは日本と韓国にそれぞれ六、計一二会場で十分であった。それにもかかわらず地方自治体のプレッシャーで日本が一〇会場にしたため、韓国も対抗意識もあってか同じく一〇会場を建築したのだった。土地買収費や建設費、そして維持管理費など巨額の負担が半永久的に市民に背負わされるのだ。

そのうえ、日本では、八〇を超す地方自治体がわれもわれもと海外チームのキャンプ地誘致に名乗りを上げる狂騒ぶりだった。大会参加チームには、ＦＩＦＡから一律に七〇〇〇万円以上の資金が分配される。各チームは、その資金で交通費や宿泊費などをまかなうことになっている。ところが日本の地方自治体は、いかがわしいエージェントの口車に乗っけられて出場決定前から「あごあしつき」の条件で誘致に向けて走り出してしまった。地域をあげて誘致活動したあげく、お目当てのチームが予選で敗退してしまうという悲喜劇まで起きる有様だった。結局、韓国で試合をするチームまで含めて二四チームが日本でキャンプを行なった。

巨額の税金を使ってまで海外チームを誘致する必要はない、と批判的な市民も多かったに違いない。

エクアドルチームを誘致した鳥取市では、次のような川柳を作った人がいた。

待ったなし
エクアドル人
銭を食う

四強まで勝ちあがった韓国チームに対する韓国国内での熱狂ぶりには及ばないまでも日本チームの決勝トーナメント進出に日本でも想像以上の盛り上がりが見られた。なにしろ、日本チームの試合のテレビ視聴率は六〇％を超える状態で、サッカーファンにとどまらない関心の広さが示された。

国際的なスポーツイベントの中継で、「がんばれ、ニッポン！」と、ナショナリズムを煽るのを常套手段にしているメディアは、これまで以上に煽った。ワールドカップそのものがナショナリズムの露骨なぶつかりあいによって巨大化してきた歴史を持つこともあってメディアの煽りは、より影響を強めた。

ただ、メディアの影響ばかりでなく、熱狂が生み出されたのには、さまざまな要因があったと見るべきであろう。日本チームの若い選手を「可愛い」といい、イングランドチームのベッカム選手にフィーバーする女性層に象徴されるような、ある種のファッション感覚もあったであろう。

一方、人間関係の希薄ななかで閉塞感や将来への不安などの鬱積した心情を「がんばれ、ニッポン！」と集団的に叫ぶことで解放感を味わった人も多かったであろう。テレビ観戦のためにカフェバーにつめかけた若い人たちが、顔に日の丸をペイントし、なんのわだかまりもなく、「君が代」を歌う光景もあった。日本チームを応援するのは自然のこととはいえ、「日の丸」や「君が代」にわだかまりをもたない心情は、容易にナショナリズムに絡め取られる危なさを感じさせる。

また、日本戦の行なわれた埼玉スタジアム（対ベルギー戦）や横浜国際総合競技場（対ロシア戦）などで、やたらと日の丸が目立った。

実は、その日の丸は、神道青年全国協議会（神青協）によって配布（約七万枚）されたものであったことが朝日新聞七月二九日付朝刊で詳細に報じられた。

このようにしてつくりだされた、「がんばれ、ニッポン！」の熱狂的なムードを巧妙にとらえた小泉首相の「国民が一体となることに感動した」という発言には、極めて危ない政治的意味が含まれているとみなければならない。

いうまでもなく、小泉首相は、国家主義にたって、靖国神社公式参拝をはじめ、「戦争のできる国」へと日本を向かわせようとし、憲法に抵触する有事法制案を国会に持ち込むなどしている。

ファシズム体制を敷いたイタリアのムッソリーニ首相、南アメリカ諸国の軍事独裁者など多くの為政者がワールドカップを国威発揚や国民意識の統合の手段として利用してきた。今回のワールドカップで巻き起こった熱狂の根源に、日韓両国の政府、行政、組織委員会、メディアなどによってかきたてられたナショナリズムがあったことを見逃してはならない。

1章 巨大な利権に毒されたサッカー・ワールドカップ

1　ＦＩＦＡに翻弄される二〇〇二年サッカー・ワールドカップ

ウルグアイのジャーナリスト・作家、エドゥアルト・ガレアーノは、著書『スタジアムの神と悪魔』（飯島みどり訳、みすず書房）でＦＩＦＡ（国際サッカー連盟）を辛辣に批判している。

「巨大多国籍企業のうちでもＦＩＦＡ（国際サッカー連盟）ほど罪を免れている存在はない。ＦＩＦＡには正義というものについて自前の論理がある。『不思議の国のアリス』の話のように、不正義を正義と呼ぶ論理が先に判決を下し、審理は後回しにされ、さあどうぞごゆっくり、となるのがオチである」

二〇〇二年ワールドカップをめぐってＦＩＦＡは、国際競技連盟としての正義のかけらもなく、カネ儲けこそが正義であると言わんばかりの露骨なビジネスを繰り広げている。ワールドカップの日本人関係者の多くが「カネで汚れたＩＯＣ（国際オリンピック委員会）よりも、ＦＩＦＡはもっとひどい」と断言する。

ＩＯＣは、タテマエにしかすぎないが一応、オリンピック憲章を掲げ判断の基準を定めている。ＦＩＦＡには、そうしたものが一切ない。あるのは、「サッカーという商品をいかに高く売るか」ということだけだ。結局、そのつけを払わされるのはサッカー愛好者なのだ。

ワールドカップのチケットにしても、その配分はＦＩＦＡの思惑で決められる。二〇〇二年一月二九日、日本組織委員会（ＪＡＷＯＣ）が、発表したチケット販売の概要を見て感じるのは、韓国との共催という事情もあってか絶対数が少ないことだ。それに決勝戦チケットの五〇％が八万四〇〇〇円というように価格も高い。

第一次として販売される五〇万四〇〇〇席（申し込み受け付けは二月一五日から三月一四日まで）のうち、国内一般向けは、二三万一〇〇〇席にすぎない。どうしてそうなるのかというと、サッカーファミリー（日本サッカー協会加盟登録チーム、ファン・サポーター、Ｂ級以上公認指導者など）向けに一五万七〇〇〇席、開催地（県、市）住民向けに一二万六〇〇〇席が配分されるからだ。販売対象を分けずに一般に販売するのが筋ではなかろうか。対象を分けると、どうしても不公平感が残る。それに、車椅子席が二一〇〇席しかないのは、非常識だ。

また、国内の放送権契約（推定六六億円）をしたジャパンコンソーシアム（ＮＨＫ・民放連合事業体）の関係者からは、「テレビ関係にどれだけ配分されるか明らかにされていない」と不満の声が上がっている。

今から予想されるのは、日本代表チームのゲーム（一次リーグ）に申し込みが殺到するということとだ。前回のフランス大会では、日本代表チームのゲームチケット入手の競争率は四〇倍と言われた。今回はそれどころではない桁はずれの倍率になるのは間違いなく、ＪＡＷＯＣでは倍率は二〇〇倍を超えると見ている。その「プラチナペーパー」をめぐって業者が暗躍し、とてつもないプレミアムつきで売買されることも大いにありうる。いずれにしても、今後、チケットをめぐる騒動がエスカレートするのは間違いなかろう。

その一方で、大会名の表記をめぐるトラブルが起きている。大会のオフィシャルな表記は、「2002 ＦＩＦＡ Ｗｏｒｌｄ Ｃｕｐ Ｋｏｒｅａ／Ｊａｐａｎ」。したがって、正式には、「韓国・日本」と表記するのが当然である。それに対してＪＡＷＯＣ側は、ＦＩＦＡの検討委員会のヨハンソン委員長が「大会名の両国での表記は、それぞれにまかせる」と発言した、として「日本・韓国」の表記に固執している。

ＪＡＷＯＣの川淵三郎副会長（Ｊリーグチェアマン）は、「国の威信にかかわる問題。そうですか、というわけにいかない」とコメントしている。「国の威信」とまで言う裏には、「共催」になったことをいまだに日本側の敗北と捉えている心情がありありとうかがえる。ＦＩＦＡのご都合主義に惑わされて肝心な「共催」を意義あるものにしようという意識がＪＡＷＯＣに希薄なことこそ、最大の問題と言わねばならない。

2　サッカー・ワールドカップの価値をカネではかるな

ビッグ・イベント開催のたびに、その価値を喧伝する指標として使われるのが「経済波及効果」だ。二〇〇二年日韓共催サッカー・ワールドカップについても、電通総研と社会工学研究所が一九九九年一二月二〇日、経済波及効果を発表した。それによれば、ワールドカップは、「景気好転の起爆剤」であり、「国民意識の高揚など数字に表れない効果は計り知れない」という。具体的な数字は、日本が優勝した場合三兆六〇三六億円、日本がベスト8の場合三兆三〇四九億円、日本が予選リーグ敗退の場合三兆一八二八億円などだ。

この数字のなかで最大の比重を占めるのは、いうまでもなく、競技のための巨大スタジアムなどの施設建設費である。もともと「土建国家」である日本がワールドカップを招致した根拠の大きな理由は、巨大な「ハコモノ」を日本列島に一〇カ所以上も建設することにあった。ところが、韓国との共催になったことで「ハコモノ」建設を減らさざるを得なくなり、開催地からはずされた行政やゼネコンは、大打撃を受けることになった。それでも、七会場は新設、三会場の改築も大がかりなものになり、その建設費だけで三三〇〇億円を超える。これに公園や関連施設の整備費を加えると、総事業費は六〇〇〇億円近くになる。

「土建行政」の発想は、「ハコモノ」さえ建設すればそれでよし、というもので、施設建設の完了とともに「ゼネコン・ワールドカップ」も終了するのだ。残される四万人から七万人収容の巨大な「ハコモノ」の運営の見通しなど、どの自治体も持ち合わせてはいない。

法外なテレビ放送権料やスポンサーシップによる巨大なビジネスを目指すＦＩＦＡ（国際サッカー連盟）の拝金主義に影響されてＪＡＷＯＣ（ワールドカップ日本組織委員会）や開催県・市などまで頭を占めているのは、カネ、カネ、カネである。要するに、ワールドカップという完成品を巨額を投じて（招致費だけで七〇億円といわれる）ＦＩＦＡから買い込んできて一般市民に高く売りつけ消費させようという魂胆なのだ。三兆円を超す経済波及効果から約九億五〇〇〇万円の優勝賞金にいたるまで、カネでワールドカップの価値をはかる発想は、あまりにも浅ましすぎる。

今回のワールドカップは、アジアではじめてであり、開催方式も初の「共催」なので、その意義をどのように実現するかが最大の課題とされている。これまで、日本側には、「分催」意識ばかりが目立ち、「日韓共催」を意義あるものにしようとする積極的な働きかけなどがほとんど見られなかった。それどころか、歴史教科書問題や小泉純一郎首相の靖国神社参拝問題などで韓国側の怒りをかい、日韓共催に水をぶっかけてしまった。

一九九九年一二月八日に行なわれたシンポジウム「サッカー・ワールドカップ〝日韓共催〟の意義を問う」（メディア総合研究所主催）で韓国『中央日報』のチョン・ヨンジェ記者が「日韓共催」の意義について指摘したことを紹介する。

▼偏見を持っている一部の知識人とマスコミによって歪曲され、膨らんでしまった反日感情を正し

く直していくために、また、先入観や間違った教育によって隠されている両国民の本当の姿を探し出すために、ワールドカップの共催をきっかけに民間レベルでの交流が活発に行なわれるべきだと思います。

▼今回のワールドカップは、韓日中三国のサッカー環境に多くの変化や発展を引き起こすことができると思います。三国のサッカーレベルが一段階高まり、ヨーロッパのチャンピオンズリーグのような極東三国リーグの誕生を可能にしてくれると思います。極東三国のサッカーの交流が活発になるにつれ、自然に観光・文化交流も活性化するでしょう。またサッカーを通じてお互いを正しく理解し、認めるきっかけにもなり、広い意味では東北アジアと世界の平和にも役に立てると思っています。

今回のワールドカップで追求すべき課題は、〝共催〟を意義あらしめることであって、カネ勘定ではない。

3　法外な放送権料のつけ

二〇〇〇年五月一〇日、スポーツ紙などが二〇〇二年日韓共催サッカー・ワールドカップの日本国内テレビ放送権をCSデジタル放送「スカイパーフェクTV」の日本デジタル放送サービスが獲得、と大々的に報道した。ワールドカップの放送権についてはNHKと民間放送との連合事業体であるJC（ジャパンコンソーシアム）が交渉に当たっていただけに意外な印象を与えた。

FIFA（国際サッカー連盟）がカネ儲けに走って民間企業であるキルヒ・スポリスグループに二〇〇二年、二〇〇六年の二大会をパッケージにして放送権を売り渡した時点から、こういう契約になる可能性があったとも言える。

九八年のフランス大会までFIFAは、世界でより多くの人たちにワールドカップを見てもらうことを最大の目的としてITC（国際公営放送連合）と放送権契約をしてきた。ところが二〇〇二年大会以降については、放送権をビジネスとすることに一八〇度方向転換したのだ。

九〇年イタリア大会、九四年アメリカ大会、九八年フランス大会の三大会の放送権料が三億四〇〇〇万スイスフランであったのに対して二〇〇二年、二〇〇六年の二大会で二八億スイスフラン（約二八〇〇億円）という法外な価格であった。巨額を投じて権利を獲得したキルヒ・スポリスグループとしては、高い値段で売らなければ利益をあげられない。

アジア地域での放送権販売を担当するのは、ISLという企業である。同社は、アディダスのオーナーであったホルスト・ダスラー（故人）の会社であるスポリスと、電通とが共同出資して設立した。ワールドカップ放送権をキルヒグループと連携して獲得したスポリスがその販売についてISLと契約したのだ。

九八年一一月、ISLは、日本に二大会で約六〇〇億円を提示してきた。JCは、これを拒否し、それ以後交渉は遅々として進まなかった。JCの意向は、開催国も決まっていない二〇〇六年大会をパッケージにするのは納得できないので二〇〇二年大会についてのみ交渉すること、金額についても一〇〇億円以下に抑えることなどであった。

ＩＳＬは、一九九九年末に二〇〇二年大会について二億五〇〇〇万ドル（約二五〇億円、フランス大会は約六億円）を新たに提示。しかし、ＪＣの考える金額との差が大きく、交渉は暗礁に乗り上げた。そこで電通が仲介に入り、あらためてＪＣに対して一〇〇億円（四八ゲームを対象）を提示して詰めの段階に入っていた。そうした状況のなかでスカイパーフェクＴＶとの電撃的な契約という報道が飛び出したわけである。

この報道に接したとき、思い浮かんだのは、英国で起きたことであった。それは、メディア王マードックが英国で始めた衛星放送、「ＢスカイＢ」に対して国民が反対に立ち上がり、ついに放送法を改正させるに至ったのだ。その先頭に立って改正案を提出したハウエル卿は、上院で次のような演説を行なったという。

「スポーツ放送権販売の自由を主張する人たちは、単なる物、つまり製品の価格にしか考えが及ばない。彼らには、社会におけるスポーツの価値について言うべきことがない。彼らはスカイ・テレビを見るだけの余裕のない三〇〇〇万から四〇〇〇万の人々を無視している」（『放送研究と調査』一九九六年八月号、中村美子氏論文）

ハウエル卿の提案は圧倒的多数で採決され、法改正を決定づけた。改正された放送法では、国民的行事に指定されたサッカーのワールドカップ本戦、ＦＡカップ本戦、ヨーロッパ選手権、オリンピック、ウィンブルドン・テニス、ラグビーのワールドカップ決勝などのスポーツイベントの放送について商業テレビの独占放送が禁じられた。つまり国民的行事といえるようなスポーツイベントの放送について国民のだれもが見られる権利（ユニバーサル・アクセス）を保護したのである。

今回のワールドカップ放送権契約について視聴者側からどのような反応が出てくるか注目したい。

4 サッカー・ワールドカップで商業主義に偏向する『朝日』

二〇〇〇年一一月二一日に発表された二〇〇二年日韓共催サッカー・ワールドカップの国内オフィシャルサプライヤー契約企業（四社）のなかで、もっとも注目されたのは『朝日新聞』だった。記者発表に詰めかけた報道陣の関心は、『朝日新聞』のオフィシャルサプライヤー契約に優先報道権が含まれているかどうか、にあった。その点に関して『朝日新聞』の大峡敏孝広報宣伝センター長は、「スポンサーだからといって、優先報道は一切ない。それは契約書に記載されている」と答えた。

しかし、契約金一五億円（推定）の投資額に見合う利益を確保するために多様な優先権が与えられているのは、間違いない。たとえば大会のプロモーションのかたちで、実質的に優先報道が行なわれることもあり得る。実際にシドニー・オリンピック（二〇〇〇年）では、二つの新聞社がオフィシャルサプライヤーになり、プロモーションと優先報道との見解の相違によるトラブルを引き起こした。

大手広告代理店の関係者は、こう指摘する。

「オフィシャルサプライヤーになれば、報道機関以上の情報を得られるのは確かです。プロモーション情報だけでなく、オフィシャルサプライヤーでなければ入れない会合やパーティーなどがかなりあり、そこで重要な情報を得られることもあるでしょう。つまり貴重な情報源に近づくチャンスが多いということです」

大峡氏が「スポーツ・文化活動の支援であり、社会貢献の一環」と強調しても、広告獲得や拡販をめぐる激しい競争を背景にしていることから見て、そのようなタテマエを鵜呑みにするわけにはいかない。

新聞社がオフィシャルサプライヤーになること自体に問題があると言わねばならない。夏の全国高校野球選手権大会を主催することによって『朝日新聞』は、企業としての利益追求を優先させ批判精神を欠いた「盛り上げ」報道に終始している。このことに象徴されるように新聞社がスポーツイベントを主催したり後援したりすることによって、報道面でそのイベントをめぐるさまざまな問題に対して批判性を著しく後退させているのは紛れもない事実である。

二〇〇二年ワールドカップのオフィシャルサプライヤー契約について『朝日新聞』みずから、こう宣言している。「『朝日新聞』は今後、ワールドカップの『オフィシャルニュースペーパー』として大会を支援し、世界最大規模のスポーツの祭典を盛り上げていきます」

「オフィシャルニュースペーパー」では、批判性を不可欠とするジャーナリズムを放棄した新聞になってしまう危険性が高い。

二〇〇二年ワールドカップは、単に世界最大規模のスポーツイベントというだけでなく、ワールドカップ史上はじめての共催大会であり、日韓をめぐる政治・経済関係が深く絡んでいる。また、国内的にも多くの省庁や地方自治体が関与するとともに、競技施設などに税金を投入することなどから、国家的なイベントと言える。それだけにワールドカップについての情報は、公共性の強いものにならざるを得ない。それゆえ、新聞に求められるのは、「社会の公器」として批判、監視などジャーナリズム機能を発揮することであろう。しかし、『朝日新聞』は、その機能を放棄し商業主義に偏向する道を選択した。

その狙いについて大手広告代理店関係者は、こう推測する。

「高校野球を主催することで『朝日新聞』が計り知れないメリットを得てきたのは間違いない。その延長として、ワールドカップを契機にプロサッカーの分野にも乗り出す長期戦略があるのではないでしょうか。一五億円の契約金も二〇〇二年ワールドカップだけで回収するという発想ではないでしょう。『読売新聞』のプロ野球に対抗してプロサッカーを『朝日新聞』の看板に加えるのが真の狙いだと思います」

狙いはともあれ、「オフィシャルニュースペーパー」になることによって、商業主義を選んだ『朝日新聞』は、「社会の公器」としての存在価値そのものを根本から問われることになった。

そして、朝・夕刊のワールドカップ関連紙面に必ず「朝日新聞の記事はＦＩＦＡ、ＪＡＷＯＣと関係なく独自の取材と判断に基づいています」ということわりがきをわざわざ載せ、不信感を払拭しなければならない羽目に陥った。

5 〝地球村〟のためにＦＩＦＡがやるべきこと

二〇〇二年四月二九日、韓国のＮＧＯ（非政府組織）・市民情報メディアセンターと、日本のＮＰＯ（非営利組織）ネットワーク団体・トコボンプロジェクトが共同して、「国際サッカー連盟（ＦＩＦＡ）の改革を促す」声明書を出し、運動を始めた。

市民情報メディアセンターは、市民社会団体の情報化の力量を高めたり、情報通信消費者権益を向上させる活動のほか国内外の市民団体とネットワーキングしてさまざまな活動を展開している。一方のトコボンプロジェクトは、東京都、神奈川県、埼玉県など三地域のＮＰＯで構成されたネットワーク団体。活動内容は、環境保護、先住民の権益向上、障害者の活動支援など多岐にわたる。

声明書ではワールドカップの現状と絡めてＦＩＦＡを次のように批判している。

「世界の市民をひとつの家族のように結び付ける祝祭の場との呼び方は表向きだけで、ＦＩＦＡと少数の多国籍企業の利権探しがあるだけという冷笑と憂慮の声が高い。それだけでなく、開催地の選定をめぐって見えない取引がなされており、さらに勝敗操作が行なわれているとの疑惑も提起されてきた。（中略）このような疑惑は一部の執行部の独断と横暴さに起因しており、これら執行部は内部の改革の動きさえ黙殺していることは周知の事実である。世界的な位相と影響力を持った国際的な組織に成長したＦＩＦＡが、それに見合うだけの最小限の公共性と透明性、民主性が欠如したまま私組織化されていることは到底納得できるものではない」

また、公式認定サッカーボールの生産が第三世界の児童労働、低賃金労働で行なわれていることをＦＩＦＡは傍観している、と批判している。

そして、「サッカーとワールドカップが、サッカーを愛する世界市民とサッカー人のもとに戻ることを願い、ＦＩＦＡに次のように促す」として、五つの改革点を挙げている。

・ＦＩＦＡ執行部は独断と横暴を中断し、組織を民主的に運営すること。
・ＦＩＦＡは予算規模と執行内訳を透明に公開すること。
・ＦＩＦＡは世界市民の祝祭であるワールドカップを金儲けの手段に使わないこと。
・ＦＩＦＡは児童労働、低賃金労働による公認用品の生産を防ぐこと。
・ＦＩＦＡはサッカーの発展のために本来の任務に忠実になること。

市民団体がＦＩＦＡに対して真正面から改革を迫るというのは、画期的なことであるばかりでなく、時宜を得た運動と言える。

声明書はこう続ける。

「二〇〇二年ワールドカップの共同開催国である韓国と日本の市民とNGOが率先し『FIFA改革』運動を展開させることは、世界の市民とNGOがより多くの関心を持って参加できる機会になることを信じているためである」

一九七四年から二四年間にわたって会長の座に君臨したアベランジェ氏の独裁的な体制によってFIFAは、非民主的体質、金権的体質を深めていった。九八年、アベランジェ氏の後ろ盾を得て新会長の座を獲得したブラッター氏も選挙戦での買収工作が噂されたように金権的体質の持ち主だ。同体質のブラッター会長とアベランジェ氏との癒着関係によってFIFAの体質はまったく変わっていない。五月二九日に行なわれる会長選挙に絡めて反ブラッター会長派が金銭スキャンダルを告発、訴訟にもつれこむ泥仕合となっている。

理念を持たない組織がいかに権力、カネで腐敗堕落していくかを、FIFAは見事に証明したと言えよう。FIFA関係者に次のような市民の声が届くであろうか。

「FIFAが持っている権威と影響力が、地球村の平和と世界の子供たちへ夢を与えることに惜しみなく使われなければならないと考えている。地球村のあちこちで繰り広げられているテロと報復、そして多くの葛藤の解決にサッカーが持っている神秘の力が発揮され、本当の地球村の和合を引き出すことを信じて止まない」

6　ブラッター会長が受けたブーイングの嵐

二〇〇二年五月二九日に行なわれたＦＩＦＡ（国際サッカー連盟）会長選の結果には、いささか驚いた。ブラッター会長の優勢は動かないにしても対立するハヤトウ副会長がかなり追い上げるのではないか、と見ていた。ところが、一三九対五六という予想だにしなかった大差でブラッター会長が再選された。

選挙前にブラッター会長の資金不正流用疑惑などについてＦＩＦＡ事務局長が二〇ページを超える報告書を提出。また、一一人のＦＩＦＡ理事がブラッター会長を資金不正流用でスイスの地方検事局に告発。さらにチケットをめぐるトラブルでブラッター会長と業者（バイロム社）との癒着関係が問題化した。こうした金銭スキャンダルまみれのブラッター会長がＦＩＦＡの民主性、透明性を訴え対決したハヤトウ副会長に圧勝するというのは、ＦＩＦＡという組織の異常さを示している。

圧勝を背景にブラッター会長は、当然のように自分に刃向かった事務局長を解任。告発者になった一一人の理事も保身を考えたのかあっさり告発を取り下げた。これで、アベランジェ前会長からブラッター会長に引き継がれてきたＦＩＦＡの拝金主義、金権体質が温存された。

こうして迎えた五月三一日のワールドカップ開会式（ソウル）でブラッター会長のあいさつの

際、観衆のなかからブーイングが起こり、「クワイエット・プリーズ（静かにしてください）」と呼びかける一幕があった。

鄭夢準ＦＩＦＡ副会長（韓国サッカー協会会長）は、反ブラッター派の急先鋒であり、激しい批判をし続けていた。そうしたことから鄭氏の批判を支持した韓国の市民がブラッター会長に対してブーイングをしたものであろう。韓国の市民ばかりでなく、サッカーに関心のある人であればブラッター会長に、「ＮＯ」を突きつけたいと思ったであろう。

倫理なき拝金主義、金権体質のブラッター会長を選んだＦＩＦＡに世界でサッカーをしている二億四〇〇〇万人を統轄する資格はない。そのように荒廃しきったＦＩＦＡによってワールドカップも権威を貶められ、金儲け優先の興行（約一〇億円の優勝賞金付き）になってしまった。

開会式で貴賓席に居並ぶ面々からは、それぞれの政治的思惑がぷんぷん臭ってきた。ワールドカップ中の政争を休止させたものの身内から逮捕者をだし、金大中韓国大統領の権威は揺らいでいる。そうした時だけに金大統領にとって、ワールドカップ開会式での開幕宣言は、政治的プロパガンダとしての効果は大きい。

ただ、金大統領が韓日共催ワールドカップに託した願い、「今大会を通じて、世界の平和と人類の和合の新しい時代が開かれることを、韓日両国間の友好親善が開かれること」に反する露骨な動きをしているのが日本の政府である。

開幕前から日本では、開会式の際に金大統領の隣に高円宮か小泉純一郎首相のどちらが座るかをめぐって政府と宮内庁でもめた。当初、政府は、小泉首相ということで調整を終えていた。しかし、「儀礼上は皇族が三権の長より上席に座るのが当然」と宮内庁が主張したことからもめだした。そして結局、金大統領の隣に高円宮が座った。これは、些細なことではなく象徴天皇制の問題が絡んだ極めて政治的な判断と考えるべきである。もともと韓国側が天皇の出席を希望していたのに対して友好親善を本気で考えていない日本側は、それを拒否し、高円宮を送り込みお茶を濁したのだ。

その一方で、政府は、国会の会期を延長して平和主義を根本から否定する有事関連法案などを強引に成立させようとしている。そうしたなかで、核保有も有り得るという福田康夫官房長官の本音発言まで飛び出した。

日本政府が、戦争ができる強い国を目指して危険な方向へ舵を切っているのは明らかだ。ワールドカップでの日本代表チームの成績ばかりに目を奪われることなく、政府の危険な企みを厳しく糾弾していくことを忘れてはなるまい。

2章

金まみれのオリンピック

1　カネがすべてのオリンピック

「報酬がなければオリンピックに代表チームを出さない」という南米サッカー連盟の決議を外電が伝えた。そうした決議がなされるのは、意外なことではない。ＩＯＣ（国際オリンピック委員会）が大会の商品価値を高めるためにプロ選手の参加を認めてから、「報酬を出せ」という声は起きていた。

選手側には言い分がある。ＩＯＣや大会組織委員会はテレビ放送権料、スポンサー料など莫大な収入を得ているにもかかわらず、主役である選手にまったく分配しないのはおかしい、ということだ。

オリンピックは、もはや興行となり、選手たちはそれを支えるタレントである。タレントをタダ使いして興行主（ＩＯＣや大会組織委員会）だけが儲けるのは道理に反する、というわけである。

プロスポーツの選手ばかりでなく、スポーツ競技で生計を立てているすべての選手にとって、競技大会は収入を得る重要な機会である。それゆえ、出演料や賞金の出ない大会には参加しないという選手が急速に拡大している。オリンピック、サッカー・ワールドカップと並ぶビッグイベントとしてIAAF（国際陸上競技連盟）が一九八三年に創設した「世界陸上競技選手権大会」でも、選手側からの強い要求で九七年のアテネ大会から賞金付きの大会にせざるを得なくなった。

サッカー・ワールドカップでは、賞金は言うまでもなくすべての参加チームに分配金がある。そうした流れとともに、サマランチIOC会長体制の商業主義によるカネ儲けや収賄によって甘い汁を吸うIOC委員たちの現実を目の当たりにして選手たちが、オリンピックでも賞金や出演料を要求したくなるのも無理はない。いずれIOCは、選手たちの要求を飲まざるを得なくなるであろう。

一方、オリンピックでのメダル獲得者（選手個人やチーム）に対して報奨金を出す国がかなりある。日本でもJOC（日本オリンピック委員会）が九二年のアルベールビル冬季オリンピックからメダル獲得者に金三〇〇万円、銀二〇〇万円、銅一〇〇万円の報奨金を出している。

報奨金を出すようになったのには裏があった。八九年八月、JOCが日本体育協会から独立。初代会長に就任した堤義明氏は、軽井沢での不法なゴルフ場開発計画が発覚したことなどからわずか九カ月間で辞任に追い込まれた。地に落ちた堤氏の名誉を挽回させるためにJOC執行部は、アルベールビル冬季オリンピックの選手団団長に同氏を担ぎ上げるとともに選手に報奨金というニンジンをぶらさげ成績を上げさせようと目論んだのである。それ以降、現在まで惰性で報奨金を出し続けている。

シドニー・オリンピックに向けてＪＯＣは、報奨金（予算一億五〇〇〇万円）に加えて新たに一億五〇〇〇万円の予算で「シドニー特別対策費」と称する助成金を設けた。これは、結果に対して出される報奨金と異なり、代表に選ばれた段階で支給される。支給される金額は次のように規定されている。

【個人】金メダルが確実な選手五〇〇万円、メダル獲得が有望な選手四〇〇万円、メダル獲得の可能性がある選手二〇〇万円、それ以外五〇万円。

【チーム】個人の二・五倍。メダル獲得の可能性がない場合二〇〇万円。

この助成金は、報奨金より直接的な効果を狙ったニンジン作戦である。ただし、助成金は競技団体に対してであって、選手個人やチームに支払われるものではない。

こうした報奨金や助成金の背景には、明らかにメダル至上主義、勝利至上主義がある。ＪＯＣ執行部の頭には、「金メダル八個」などとメダル勘定しかない。言うまでもなく、メダル至上主義や勝利至上主義はオリンピックを堕落させた重大な要因である。そうした思想は、選手を疎外するとともにスポーツ全体の振興にとって阻害要因ともなっている。

ＪＯＣがメダル獲得を最大の課題としているかぎりスポーツの土壌は枯れていくばかりだ。

2　再浮上したオリンピック招致の買収疑惑

国内外ともに拝金主義による組織の腐敗が広がる中でスポーツ界は、改革を先送りしたまま新しい年を迎えた。

その典型がＩＯＣ（国際オリンピック委員会）である。ちょうど二年前に発覚した二〇〇二年ソルトレーク冬季オリンピック招致に絡むＩＯＣ委員による大掛かりな買収疑惑問題は、いまだに裁判による審理が継続されていて真相解明に至っていない。そのうえ、新たに一九九八年長野冬季オリンピック招致に関わる買収疑惑が浮上してきた。

ソルトレーク冬季オリンピック組織委員会が二〇〇〇年一二月一六日、招致段階での新たな資料を米国の地元メディアに公表した。その資料を基に地元メディアは、「長野がオリンピック招致のためにＩＯＣ委員の票を一票一〇万ドル（約一一三〇万円）で買収していた」という疑惑を報じた。

また、ＡＰ通信は「トム・ウェルチ元ソルトレーク冬季オリンピック招致委員会会長は、オリンピック博物館建設費の名目でＪＯＣ（日本オリンピック委員会）元会長・堤義明氏からサマランチＩＯＣ会長に渡された一五〇〇万ドルについても買収と見ている」と伝えている。

長野冬季オリンピック招致についての買収疑惑は、重要な証拠となる会計帳簿の焼却処分によっ

2002年2月に開催されたソルトレーク冬季オリンピックの開会式

て隠蔽されてしまった。また、総額二〇〇〇万ドルの寄付についての疑惑も一切真相究明されることはなかった。今回明らかにされた新たな資料や証言によって、これまで隠されてきた長野に関係する買収疑惑に焦点が当てられるのは間違いなかろう。

これまでの買収疑惑追及が中途半端だったのは、腐敗したIOCの最高責任者であり、買収疑惑の中心人物でもあるサマランチ会長に対する糾明がなされなかったからだ。サマランチ会長は、トカゲのしっぽ切りのようにIOC委員を解任するとともに「IOC改革」を持ち出して巧妙に追及をかわしてきた。

しかし、サマランチ会長の行なった改革は、IOCの腐敗体質を根本から改革するものではまったくなかった。それどころかサマランチ会長は、新たに「IOC栄誉委員」なるものを設け、キッシンジャー・元アメリカ国務長官とともに堤氏をメンバーに入れたのだ。これほど破廉恥なことはなかろう。

サマランチ会長と堤氏とは、長野冬季オリンピック招致をめぐる最大の疑惑と言っていい二〇〇〇万ドル寄付問題の当事者である。堤氏のIOC栄誉委員入りは、サマランチ会長自らが堤氏との癒着関係をさらけだすようなものだ。このIOC栄誉委員の新設に対して、良識あるIOC関係者から「IOCの改悪である」と、批判の声が上がっていると聞いている。

とにかく、この二人の癒着関係を徹底的に追及しなければ、長野冬季オリンピック招致買収疑惑は解明できないであろう。それればかりか、二〇〇八年オリンピックの大阪招致について新たな疑惑を生み出す可能性もある。

周知のように、大阪オリンピック招致委員会の名誉会長は堤氏である。大阪市は、サマランチ会長との太いパイプ(癒着関係)を持つ堤氏に最大の期待をかけて、名誉会長に引き入れたのだ。JOC関係者から聞いた話では、大阪オリンピック招致についてサマランチ会長は、「長野のときのようには力になれないので、あまり頼りにしないでほしい」と言っているらしい。買収疑惑で厳しい立場に立たされていることから、サマランチ会長が弱気の発言をするのは当然であろう。しかし、「力になろう」という意思のあるのはたしかで、サマランチ会長が大阪オリンピック招致と関連させて堤氏をIOC栄誉委員入りさせたと推測できるし、今後とも堤氏との協力体制をとり続けるのは間違いなかろう。

いずれにしても、サマランチ会長や堤氏らの影響力を排除し、ＩＯＣ、ＪＯＣの腐敗体質を根本から改革する革新勢力の台頭を願わずにはいられない。

3　メダル獲得率ってなんだ

「我が国のメダル獲得率（オリンピックにおける我が国のメダル獲得数をそのオリンピックにおける総メダル数で除したもの）が一九七六年（昭和五一年）夏季及び冬季オリンピックの三・五％から一九九六年（平成八年）の夏季オリンピックには、一・七％と半減していることを踏まえ、我が国の国際競技力が早期に一九七六年（昭和五一年）時点の水準に達することができるよう、我が国のトップレベルの競技者の育成・強化に向けた諸施策を総合的・計画的に推進する」

文部省の保健体育審議会は、二〇〇〇年八月に「スポーツ振興基本計画」の最終答申を出した。六一年に制定された「スポーツ振興法」に規定されながら四〇年もの間、放り出されたままだった「基本計画」がようやく出されたのだ。そのなかで柱の一つである「我が国の国際競技力の総合的な向上方策」の政策目標として打ち出したのが、冒頭に記した内容である。

「メダル獲得率」とは、文部官僚たちの非人間的な悪しき効率主義発想でしかない。国のスポーツ振興基本計画でメダル獲得率を政策目標とするのは、国をあげてメダル至上主義（勝利至上主義）を推進・強化することにほかならない。それがいかに愚かなことか、歴史を振り返れば容易に分かるであろう。たとえば、旧東ドイツは国威発揚を目標に、ドーピング(禁止薬物使用)などによる人間性を剥奪したスポーツ・サイボーグづくりを国家が制度化し、システム化した。その結果、驚異的なメダル獲得率を実現はしたものの、ドーピング発覚による名誉失墜ばかりか、さまざまな後遺症で心身ともにボロボロになるなど、選手の支払った代償は取り返しのつかないほど大きかった。

今になって国の基本計画にメダル獲得率を掲げるのは、そうした負の経験についての歴史的認識を全く欠落させているからにほかならない。

しかも答申では、三・五%のメダル獲得率を実現するために次のような具体策を提示している。

●トップレベルの競技者を組織的・計画的に育成するため、一貫指導システムを構築する。具体的には二〇〇五年を目途に、競技団体は競技者育成プログラムを作成する。

●一貫指導システムを効果的に行なうために、ナショナルレベルのトレーニング拠点を早期に整備する。

●一貫指導システムを担う指導者の養成・確保を推進するため指導者の専任化の促進、競技団体と学校や地域スポーツクラブの指導者との連携の強化に取り組む――など。

この「一貫指導システム」が何を意味しているか。要するに有望な選手を学校や企業から発掘し、ナショナルトレーニングセンターで集中的に指導してトップレベルの競技者に仕上げる、ということだ。

現状でさえスポーツ能力による選別化が低年齢層におよび、学校の部活動は、スポーツ好きの生徒を排除するとともにスポーツ嫌いを生み出すなど歪んでしまい、結果的に部員不足で部の存続が危ぶまれる事態に陥っている。現状認識もなく、一層、選別化を促進するような一貫指導システムをつくるのは極めて無謀だ。

日本では、スポーツ専業者は非生産的存在という考え方が根強く、トップ選手であっても社会的ステータスは低く、依って立つ基盤も脆弱である。オリンピックのメダリストについて見ても、もてはやされるのは一時的であって、すぐに忘れ去られているケースが圧倒的に多い。

スポーツの持つ豊かな価値を打ち壊すと同時に、選手の人間性を否定してしまうメダル至上主義を、国が煽動するのは絶対に許すべきではない。また、その施策に不安定で責任の伴わない「サッカーくじ」による資金を投入することにこそ、この基本計画のまともでない本質が隠されている。

二一世紀にこうした「基本計画」が市民の知らない間に実行されるのはとんでもないことである。競技団体ばかりでなく、学校・地域など広くスポーツにかかわりを持つ人たちによる徹底的な議論が必要であろう。

4 パラリンピックに薬物使用が広がったわけ

オリンピック精神を根底から踏みにじったソルトレーク冬季オリンピックの余韻を残すなかで二

〇〇二年三月七日から一六日までソルトレーク冬季パラリンピックが開催された。

この大会でも最初から重大な問題が持ち上がった。開幕の前に終了した参加選手のクラス分けを確定するメディカルチェックで、日本、ブルガリア、フィンランド、ロシア、ウクライナの選手が各一人ずつ出場資格を取り消された。その理由は、登録したクラスより五選手の視覚障害の程度が軽いということだった。

日本選手の場合、従来のクラス分けの基準にそってチェックし登録をしたにもかかわらず、登録を取り消された。また、運動機能障害の選手も障害の軽いクラスへの出場に変更された。こうした決定について日本選手団の関係者は、「これまでと違う」と不満そうだったという。それにしても、なぜ、こういう事態が起きたのか。それは、IPC(国際パラリンピック委員会)が大会の質を高めるためにメディカルチェックを厳しくしたためである。クレーブンIPC会長は、記者会見で「われわれは、エリート選手による質の高い競技を目指す」と、強調した。

IPCの狙いは、競技を高度化することでパラリンピックの商品価値を高め、近い将来にオリンピック大会に組み入れられることにある。その狙いから、健常者が偽って参加して問題になった知的障害クラスを廃止したり、普及度の低い競技を実施競技からはずしてもいる。そのうえ、IPCは、選手の参加資格について国際レースでのポイント獲得を条件にする規則を作る考えで作業を進めているという。要するに、IPC自ら選手のプロ化をより徹底的に促進する考えなのだ。

現状でさえ、優勝争いをする限られたトップクラスの選手たちは、驚くほど高度な競技力を発揮している。これ以上競技力を高めることに意義があるのか大いに疑問である。

今大会から実施されたドーピング(禁止薬物使用)の抜き打ち検査で陽性反応の出たノルディックスキー男子二種目優勝のドイツ選手が金メダルを剥奪された。障害者スポーツの世界でもドーピング汚染が広がっている現実を知らされ衝撃を受けた。ただ、ドーピングの誘惑に負けた選手個人の問題だけでなく、競技を高度化して商品価値を高めるというIPCの商業主義が選手を追い込んでいることも問題ではないかと思う。

「より速く、より高く、より強く」というオリンピックのモットーそのものが勝利至上主義や商業主義に取り込まれ、今や選手の商品化(プロ化)促進のスローガンになり、ドーピング蔓延の原因にもなっている。パラリンピックにオリンピックと同じ轍を踏ませてはなるまい。

パラリンピックで活躍できるのは限られた少数の選手である。そうした選手の競技によって多くの障害者が勇気づけられているのも間違いないだろう。しかし、ドーピングまで引き起こす熾烈な競いによって選手の人間性、人間としての尊厳が損なわれる危険性は高い。

パラリンピックに参加する選手は、障害者スポーツの頂点に立つ人たちである。では、障害者スポーツの裾野はどうなっているかといえば貧困というしかない。

障害者スポーツについて最優先しなければならないのは、貧困な現実を変革して豊かな環境をつくることである。

その意味で神野直彦・東京大学経済学部教授の提案(『「希望の島」への変革』、日本放送出版協会刊)は参考になる。神野教授は、障害者や高齢者などに限定してバリアをフリーにするのではなく、すべての人々がユニバーサルに利用できるユニバーサル・デザインによる街づくりを提唱する。そして、すべての人々がユニバーサルに利用できるスポーツやレジャー施設の必要性を指摘する。

そうした街づくりを通して障害者が気軽にスポーツにかかわることができる環境もつくりだされるわけである。

5　女子バレーオリンピック予選に異議あり

女子バレーボールのシドニー・オリンピック最終予選で日本チームは、出場権を得られなかった。中国やクロアチアを相手に敗れはしたものの日本チームは、大健闘と言っていい内容のプレーを見せた。勝敗を分けたのは、実力の差である。

選手の健闘を評価する一方で、この大会そのものについて根本的な疑問が残った。この大会では、日本チームに有利な条件が与えられており、オリンピック予選として公平性を欠いていたと考えられるからである。シドニー・オリンピックの出場枠は一二チーム。代表選考の方式は、オリンピック開催国のチーム、ワールドカップでの上位三チーム、五大陸の代表五チーム、それ以外に三チームを決めることになっている。開催国をはじめワールドカップと四大陸予選で八チームが決定。アジア代表を含めて残る四チームを決めるというのが今回の最終予選であった。

疑問点の一つは、複雑怪奇な決め方についてだ。アジア大陸だけ予選をせず、この大会に参加した八チームから、優勝チームとアジア一位チーム(アジアのチームが優勝した場合は二位チーム)、それを除く上位二チームが出場権を得るという。

もう一つは、予選開催地という理由で日本チームに三ゲームについて対戦相手の順番を決められる特権が与えられたことである。さらに日本チームのゲームに限ってハーフタイムが長く設定されたのも疑問だ。

こうした疑問についてバレーボール関係者は、こう証言する。

「世界的にバレーボール人気は凋落し、国際大会をテレビが中継しスポンサーがつくのは日本ぐらいです。国際バレーボール連盟としては、イベント開催地として日本を最重要視しており、日本バレーボール協会の意向をくみ、日本チームをなんとかして拾い上げるためにこうした複雑な予選を仕組んだわけです」

この大会に参加した海外チームの関係者は、そうした仕組みを知っていたはずである。早々に優勝を決めたイタリアがクロアチアに敗れたゲームについて、「イタリアチームは、有利な条件を与えられた日本チームよりクロアチアを出場させたかったのではないか」といった憶測さえ流れた。いずれにしてもオリンピック予選に不公平なルールを持ち込むことは、許されるべきではない。

加えてテレビ中継を行なったＴＢＳの報道姿勢にも大いに問題があった。同局は、大会を盛り上げ視聴率を稼ぐために人気女性歌手グループの「モーニング娘。」を起用するとともに日本選手だけをタレントまがいにクローズアップするなどして芸能ショー化した。そうしたやり口がテレビ局の常套手段になってきているのだ。日本チームのゲームだけスタンドを埋めた観衆は、バレーボールを理解し愛好するファンではなく、テレビ局の演出に乗っけられて動員されたエキストラに過ぎない。イタリア対中国戦などハイレベルなゲームの際にスタンドが閑散としていたのは、その証拠といえる。テレビ局があの手この手でショーアップし煽り立てただけ日本チームの敗北が余計に惨めな印象を与えてしまった。

その印象が生々しく残るなかで、女子バレーボールの名門「ユニチカ」の廃部が発表され衝撃を広げた。言うまでもなく、同チームは、前身の日紡貝塚時代「東洋の魔女」と言われ、世界の女子バレーボールの頂点に立ち、一九六四年の東京オリンピックで優勝するなど数々の輝かしい実績をあげてきた。それにもかかわらず、企業は、経営悪化を理由にチームをばっさり切り捨てた。

バブル経済の崩壊以後、経費削減という企業論理でスポーツ部を廃部する企業が相次いでおり、ユニチカのケースもその一環である。ユニチカの廃部は、女子バレーボール界を崖っぷちに立たせるばかりでなく、企業スポーツの崩壊に一層拍車をかけるだろう。こうした事態に競技団体は、打つ手なしの状態だ。ヒト、モノ、カネすべての面で企業に頼り切ってきた競技スポーツは、今や存亡の危機を迎えている。

6　テレビが招く不透明なオリンピック代表選考

日本では、競技団体が国家主義的な体質を持ち、権力や権威を振りかざし、選手を支配・統率し、自分らの利害のために操り人形のように操っている。シドニー・オリンピックの女子マラソン代表選手の選考過程は、その典型と言えよう。

三人の代表選手を選ぶために（財）日本陸上競技連盟（以下、日本陸連）は、四つのマラソンレースを選考対象に指定した。なぜ、そうしたのか明確な根拠は何一つ示されなかった。そのうえ、一九九九年八月、スペイン・セビリアで開かれた世界陸上競技選手権大会に出場し二位の成績をあげた市橋有里選手（二二歳）だけがなぜか、一九九九年一一月の段階で代表選手に内定した。

このことが、残る三レースで二選手を選ぶ過程で混乱を起こす原因になった。タイムやレース内容を見ても山口衛里（二七歳）、弘山晴美（三一歳）、高橋尚子（二七歳）の三選手から二人選ぶのは難しいことだった。結局、山口、高橋両選手が選ばれ、弘山選手ははずされた。弘山選手は、この結果について何も言わなかったが納得していないはずだ。それとともに、早々と代表に内定した市橋選手は大きなプレッシャーを受けることになった。

マラソンレースは、コースや気温・湿度・風力、それに出場する選手の顔ぶれなどさまざまな条件が結果に影響する。それゆえ、複数のレース結果から公平に選手を選ぶのは無理である。それにもかかわらず、なぜ日本陸連は、四つものレースを選考対象に指定するのか。日本陸連は、こう説明する。

「女子マラソンは、陸上競技で唯一金メダルを狙える種目であり、有力な選手を選ぶためにはいろいろなレースを見る必要がある」

金メダル獲得のためにわれわれが選んでやるんだ、という日本陸連の姿勢は思い上がりも甚だしい。主役はあくまで選手であって日本陸連は、選手をサポートする脇役でなければならない。金メダルが獲れるか獲れないかは、あくまでも結果にすぎず、日本陸連の最優先課題は、すべての選手が納得できる選考方式を実現することであろう。

一九九二年、バルセロナ・オリンピックの際にも山下佐知子、小鴨由水両選手が決まり、三人目をめぐって有森裕子、松野明美二選手のどちらを選ぶかで紛糾した。有森選手が選ばれたレースで二位と健闘したものの選考問題のしこりは後に残された。日本陸連内部でも選考方式を見直すべきだという声が上がり、米国に習って一レースによる選考を考えたらどうか、との意見も出された。一レースでの成績で代表を決めるのであれば、日本陸連の不透明であいまいな思惑を排除でき、同じ条件で競い合うことで選手も納得できるだろう。

しかし、この一レースで決着をつける選考方式は、メディア関係者の強硬な反対によって葬られてしまった。視聴率競争に狂奔するテレビ局にとって国際女子マラソンは視聴率を稼ぐための重要な番組である。それゆえ、テレビ局は国際女子マラソンレースを共催し、見返りとして日本陸連へテレビ放送権料や協賛金を支払っている。

一レースでの選考方式になれば「オリンピック選考レース」の付加価値による視聴率アップの野望は砕かれてしまう。そこで、テレビ局関係者はこぞって反対したのである。

一方、テレビ局からの放送権料や協賛金を重要な財源と考える日本陸連側も、そのカネに縛られてテレビ局には逆らえなかった。

今回の選考について国内の選考レースを共催したテレビ局は、もっぱら市橋選手の内定に焦点を当てるだけで、自ら選考を混乱させる原因になっていることには一切触れようとしなかった。

「今後、すっきりしたかたちの選考方法を検討する」と、日本陸連幹部は明言した。しかし、日本陸連とテレビ局との癒着構造を打ち壊さない限り、選手の立場に立った、選手が納得できる選考方式の実現は、とうてい望めないだろう。

3章 スポーツは土建国家・ハコモノ行政の手段か

1　サッカー・ワールドカップが残す「ハコモノ行政」のツケ

地方財政の破綻が決定的になっているが、地方自治体は相も変わらぬハコモノづくりに必死である。目下、全国各地の県や市が建設を進めている大型ハコモノの典型は、二〇〇二年日韓共催サッカー・ワールドカップのための競技場である。

大会用の会場として六県、四市の一〇カ所に観客収容能力四万人から七万人という大競技場の建設が決定されている。そのうち、すでに二会場が完成、残る八会場も来年中に工事を完了する予定である。

成熟したサッカーの土壌を有する欧州や南米では一〇万人収容の競技場があっても不自然ではない。しかし、まったく未成熟な土壌しかない日本に、しかもわずか数試合のために四万人以上を収容する競技場を造るというのは、どう考えても正常なことではない。そもそも、サッカーの土壌などには関係なくワールドカップ招致を決めたところに根本的な問題があった。つまり、ワールド

2002年サッカー・ワールドカップを目指して建設中の埼玉スタジアム

カップ招致の最大の根拠は、ハコモノづくりのために利用するということである。そして、開催決定にともなって大会会場候補にわれもわれもと一五の地方自治体が手を挙げ、篩（ふるい）にかけられる状態だった。その一方で日本サッカー協会や地域のサッカー協会などから要請を受けたものの、財政問題を理由に手を挙げなかった広島県のように賢明な選択をしたところもあった。

日本サッカー協会や日本組織委員会（ＪＡＷＯＣ）は、「できるだけ多くの人にワールドカップを見てほしい」という考えから、決勝戦を横浜国際総合競技場（七万五六四人収容）、準決勝の一試合を埼玉スタジアム２００２（六万三七〇〇人収容）で行なうことを決めた。また、日本チームの一次リーグ三試合について日本サッカー協会は、横浜市、埼玉県、大阪市（長居陸上競技場)にする案を固めＪＡＷＯＣに提案するようだ。こうして試合の割り振りが進むにつれて会場となる県や市は、人気の集まる決勝トーナメント六試合の争奪戦を始めている。日本チームの一次リーグ、決勝、準決勝のいずれにも候補として挙げられていない会場が七あり、決勝トーナメント六を割り振っても一会場ははずれてしまうことになる。日本サッカー協会やＪＡＷＯＣに誘導されてハコモノづくりしか頭になかった地方自治体が自ら演出した悲喜劇と言っても過言ではなかろう。

開催が決定している以上、日韓共催の意義を十分に実現できるような大会に仕上げるべきであろう。そのためには、両国関係者の親密な相互協力によってさまざまな問題を克服することが求められている。

それとともに大会後に競技場建設費や競技場施設の管理運営費など巨額なツケが残される問題について地方自治体は今から対策を真剣に考える必要がある。国民体育大会は「土建国体」と言われ、ハコモノづくりのための大会になってしまい、常に施設の後利用問題が持ち上がっている。また、長野冬季オリンピックの際に建設された競技施設についても同様のことが言える。

スポーツの土壌がないところに巨大競技施設を建てるというのは、まさに土建国家・日本を象徴している。ＪＯＣ(日本オリンピック委員会)や日本体育協会をはじめ日本サッカー協会など競技団体も、スポーツの土壌づくりを棚に上げイベントの「呼び屋」となって土建国家づくりを支えている。巨大な競技施設をつくり、イベントを招致したところでスポーツ振興に結びつくとは言えない。それどころか巨大競技場の建設は、地域住民の生命、生活などに直結するかたちでのスポーツ環境づくりを財政面などから阻害している。

今後、ハコモノづくり行政をストップさせるためには地域住民が主人公となるようなスポーツ振興の基本政策が必要である。オカミ（中央政府や地方の行政）に頼るのではなく地域住民自ら生活圏で求められるスポーツ環境（施設や指導者などのありよう）について積極的に提案し、その実現を要求していくことが強く望まれる。

2　国体で開催県が必ず優勝するわけ

国民体育大会（以下、国体）は、誰のために何を目指す大会なのか、存在理由がまったく不明で、一般市民から完全に見捨てられている。

二〇〇〇年の第五五秋季国体（一〇月一四日～一九日）が富山県で開催されたことや、結果がどうだったかなど、関係者以外の人は関心がなく、知ろうとも思わなかったであろう。毎回のことながら大騒ぎするのは、開催県と地元メディアだけなのだ。

一九六四年の第一九回新潟国体以来、連続して開催県が天皇杯（男女総合優勝）、皇后杯（女子総合優勝）を獲得し、富山県も連続記録を更新した。日ごろのスポーツ活動状況から判断して、総合優勝などとうてい無理なはずなのに開催県が必ず天皇杯、皇后杯を獲得できるのは、からくりやごまかしが公認されているからだ。

他県の個人、チームが予選を経て出場権を得るのに対し、開催県にはすべての競技に無条件で出場できる特権が与えられている。出場するだけで得点となるので、開催県は断然有利になるわけである。

また、競技の組み合わせは抽選といいながら、開催県の競技団体の意向を汲んだうえでの不公平な抽選方法が採られてきた。つまり、地元に有利な〝ごまかしの抽選〟を日本体育協会は公認してきたのだ。

こうしたからくりやごまかしに加えて、開催県は、他県から多くの有力選手を公然と「移入」する。九三年に徳島・香川の両県を会場に開かれた東四国国体では、留学生と称して卓球などの選手を中国から招いて出場させ、大会が終わるや帰国させるあくどいことまでやった。

とにかく総合優勝のためには、なりふり構わず選手を移入するのが不可欠の要素となっている。これこそ、都道府県対抗という国体の原理原則からいって最大のごまかしである。移入選手を認めながら都道府県対抗というのは、まったく意味をなしていないのだ。また、ほとんどの移入選手は、大会後に開催県を去っていくので、開催県のスポーツ振興にまったく結びつかない。総合優勝した開催県が翌年の大会で大幅に順位を下げるのも当然である。

以上のからくりやごまかしによって国体そのものの存在理由は希薄になり、天皇杯、皇后杯の値打ちも地に墜ちている。しかし、それだからといって国体の存在を無視するだけで済ますわけにはいかない。国体を主催する文部省、日本体育協会、都道府県の三者がそれぞれに大会を利用して政治的、経済的な悪しき企みを実現しているからだ。

文部省は、天皇杯、皇后杯をシンボルとして国体を「天皇行事」化して、国家主義の浸透を狙ってきている。そのことについて故川本信正氏(スポーツ評論家)は、三〇年あまり前に次のような警告を書き記している。

「天皇、国旗、国歌などをあまりに深く国体に結びつけることは、そもそも民主的に解放されたスポーツ集会として発足した国体を、やがては反民主的な反動的な方向に推し進める危険がある」(『スポーツの現代史』大修館書店)

川本氏の危惧は、現実のものとなり、今や天皇、国旗、国歌は、国体にとって不可欠とされ、反民主的、反動的な傾向は否めない。日本体育協会は、持つべき主導権を放棄し、文部省の下働き役に成り下がっている。

一方、都道府県は、「天皇行事」を口実に土建行政の本性を剥きだしにして、豪華なハコモノづくりや天皇のための大掛かりな道路整備をゼネコンと組んで断行している。その結果、総経費は、富山国体で一三〇〇億円、九五年福島国体の三〇〇〇億円、九七年大阪国体の五〇〇〇億円など巨額にのぼる。二〇〇一年開催する宮城県の浅野史郎知事は、国体運営の簡素化、効率化、地元財政負担の軽減などを文部省に要請する一方で、すでに豪華な体育館を建設するなど従来と同じ発想で準備している。

一時も早く国体を解体し、地域に密着したスポーツ振興・普及に結びつくイベントの構築に取り組むべきである。

3　大阪市がオリンピックに立候補した本当の狙い

二〇〇八年オリンピック開催都市へ大阪市が立候補届を提出（二〇〇〇年一月二五日）したが、一刻も早く立候補を取り下げるべきだ。掲げてきた理想がうち砕かれ、オリンピックは存在意義を失った、と考えるからだ。美辞麗句を並べたてた作文の裏に隠されているオリンピック招致の真の狙いを見抜かなければならない。

「スポーツパラダイス大阪」という幻想を看板にしながら、大阪市がオリンピックを錦の御旗にして実現させようと目論んでいるのは、まさにゼネコンにとってのパラダイス、大型公共事業である。

大阪市は、商業主義やナショナリズムによってオリンピックの本質が変質してしまっていることや、買収疑惑で暴かれたＩＯＣ（国際オリンピック委員会）の腐敗堕落などの現実を無視し、オリンピックを金科玉条とする虚像を作り上げている。

その虚像を利用して市は、埋め立てによる人工島の舞洲、夢洲に一〇万人収容の競技場やプール、そして選手村、メディア村などの建設を計画している。その人工島は、ゴミの島で産業廃棄物も大量に埋められておりダイオキシンやＰＣＢ汚染が明らかになった。そのうえ今後もダイオキシンをはじめ六価クロムなど有害物質を含んでいる可能性の高い土、十数万トンが埋め立てられると言われている。パラダイスどころか人の住めない汚染された環境のなかのオリンピックということになる。

また、その人工島へのアクセスとして市は、北港テクノポート線（八キロメートル）という地下鉄建設を計画、二〇〇〇年四月の着工を決めている。

オリンピック招致の狙いがこうした大型公共事業にあることを見抜いた市民は、一九九七年一〇月、「大阪オリンピックいらない連」（代表・小西和人氏ら三人）を結成して、財政・環境などさまざまな面から問題点を指摘し、オリンピック招致に反対する市民運動を始めた。正面切ってオリンピックに反対するという組織は他になく、メディアもその動向に注目した。そして「大阪オリンピックいらない連」の運動は、政党にも影響を及ぼしていった。九九年七月、それまでオリンピック招致に賛成の立場をとってきた共産党の市議団が「むだな巨大開発にストップをかけ、福祉の充実にこそ全力を注ぐべきだ」として招致中止を訴えた。

また、九九年末に行なわれた大阪市長選では、オリンピック招致問題を争点とする戦いとなった。

「大阪オリンピックいらない連」の小西代表は、こう話す。

「市長選を通して、これまでオリンピック招致問題に関心の薄かった市民にも、市の借金によって市民一人あたり一八四万円の借金を背負っているうえにまた大型公共事業による借金のしわよせがくる、というような現実が伝わったのは間違いありません。実際に選挙後、招致に反対する流れが強まったように思います。市では、地元はオリンピック招致で盛り上がっている、と言っていますが市民の熱気など全然伝わってきません」

小西代表らは、北港テクノポート線の工事差し止め訴訟を起こすべく三月に弁護士をはじめ一般市民ら市民三〇〇〇人による監査請求をする。

「情報公開では、適当にごまかされることもありますが、裁判となれば市もいい加減な言い逃れは出来ないでしょう」(小西氏)

この訴訟の成り行きは、市の招致活動にかなりの影響を与えることになる。それでなくても北京やパリなど強力なライバルもおり大阪に勝ち目はない。磯村市長ら市側も、そのことは十分承知しているはずだ。それでもオリンピック招致を続けるのは大型公共事業を進める根拠として利用するためであろう。従って公共事業にストップをかけるためには訴訟などを含めたオリンピックへの立候補を取り下げさせる市民運動のいっそうの盛り上げが重要な鍵になる。

その点で二月六日投開票の大阪府知事選挙の行方も今後のオリンピック招致に反対する市民運動に多大な影響を与えることになるだろう。

4　大阪市民が醒めるとき

ＩＯＣ（国際オリンピック委員会）評価委員会のメンバー一七人が、二〇〇一年二月二六日から三月一日にわたって大阪市を視察した。この評価委員会は、二〇〇八年オリンピック開催地の選定から新たに設置された。従来、ＩＯＣ委員一人一人が各立候補都市を訪問し、自己判断に基づいて投票する方式だった。しかし、二〇〇二年ソルトレークシティー冬季オリンピック招致をめぐる大掛かりな買収事件が発覚し、ＩＯＣは開催地選定方法の改革を迫られた。そこで、ＩＯＣ委員の立候補都市訪問を禁じ、評価委員会メンバーのみが視察し、その評価報告書を基準に選挙を行なう方式に変えたのである。

今回はテストケースであり、重大な責任を負った評価委員会メンバーは、ハードスケジュールを精力的にこなした。しかも、評価委員会は、大阪側の設定した視察日程をたびたび変え独自のスケジュールに沿って視察してまわり、対応にあたる招致関係者をあわてさせる状態だった。

評価委員会の意欲ぶりをもっとも如実に示したのは、招致反対運動を続けている「大阪オリンピックいらない連」（以下、「いらない連」）の意見を聞いたことだ。ＩＯＣの体質からみると、反対意見に耳を貸すことなど考えられないことだった。「いらない連」も、前もって評価委員会との会見を求める文書をＩＯＣへ送ってはいたが、まさか実現するとは思っていなかった。

評価委員が大阪入りした二六日、「いらない連」は、招致反対のビラを配るとともに、大阪市民の民意が間違ってとらえられないように、すべての評価委員に世論調査（二月初旬、『毎日新聞』が行なった電話による調査）の資料を送りつけた。

二〇〇〇年一二月、招致委員会が発表した「大阪オリンピック招致に関する意識調査」の中間報告によると、「税負担、交通、環境といった課題が解消されれば賛成」という条件付きを含めた招致賛成は、約九六％に達する。この発表に対して「いらない連」は、怒った。代表世話人の小西和人氏は、あまりにいい加減な調査だ、と批判する。

「どういう機関がいつどういう方法で調査をしたのか不明確だ。この調査だと民意が間違って伝わることになる。それだけはなんとしても防ぎたかったんです。そのために信頼できる最新の『毎日新聞』世論調査（招致賛成五五％、反対二八％）を送ったわけです」

二〇〇一年二月二七日、小西氏に、評価委員会のフェルブルッゲン委員長（オランダ）から、「一〇分間だけ会う」と電話が入った。二月二八日正午過ぎ、評価委員会側のフェルブルッゲン委員長とエルザルデ委員（フィリピン）、「いらない連」の小西氏と事務局長との会見が実現した。

小西氏らは、一兆円を超す借金を抱えた大阪市の深刻な財政事情をはじめ、オリンピック競技施設や選手村の建設が計画されている人工島（舞洲、夢洲、咲洲）の環境問題などを具体的に説明した。会見で手応えを感じた、と小西氏は話す。

「前々から反対意見をIOCに伝えてきたことが今回の会見につながったと思います。わずか一五分間でしたが委員長の方から熱心に質問がだされ、誠意を感じました。なんらかのかたちで評価報告書に反映されるのではないでしょうか」

どのような評価報告書がまとめられ、七月一三日にモスクワで開かれるＩＯＣ総会選挙にどう活かされるのか不明な点も多い。ＩＯＣ委員たちの拝金体質は変わっていないことから、評価報告書に関係なく政治的駆け引きや裏取引で票が決まることも大いにあり得る。いずれにしても、トロント、パリ、北京の争いで、イスタンブールとともに大阪の落選は確実だろう。

「大阪の落選が私らの運動の新たなスタートと考えています。地盤沈下が予測されているようなところに地下鉄をつくるような計画は、絶対阻止しなければなりません。落選すれば市民も現実の問題に目覚めるでしょう」（小西氏）

5　オリンピック誘致に失敗した大阪の責任者の今後

二〇〇一年七月一三日、モスクワで開かれたＩＯＣ（国際オリンピック委員会）総会で二〇〇八年夏季オリンピック開催都市に北京が選ばれた。大阪市は、一回目投票で六票しか獲れず落選。そのショックから、とんでもない問題発言まで飛び出した。塩川正十郎財務相が七月一四日夜、「六票しかとれなかったことは、ＯＤＡ（政府開発援助）が生かされていないのではないか。一〇％削減も必要」と発言したのだ。五月一五日に公表されたＩＯＣ評価委員会調査報告書で大阪市は、落第点をつけられたのだから落選は当然の結果だ。

大阪市議会議員をはじめ多くの市民から「落選するのがわかっていて招致活動を続けるのは無謀でありカネの無駄遣いだ。立候補を辞退すべきだ」との声が上がった。それにもかかわらず、磯村隆文大阪市長や八木祐四郎ＪＯＣ（日本オリンピック委員会）会長ら招致委員会は、その評価を謙虚に受けとめるどころか、「無理解、誤解がある。最後まで理解を求めて頑張る」と、招致活動をずるずる引きずった。磯村市長が「浪人してでも招致したい」と発言したことで、市民の反発はいっそう高まった。

大阪市落選の結果を感慨深く受け止めているのは、オリンピック招致に反対し続けてきた「大阪オリンピックいらない連」（以下、「いらない連」）の小西和人代表幹事だ。

「オリンピック招致に一貫して反対し続けてきたのはわたしたちだけですが、その活動は実ったと思います。ＩＯＣ評価委員会の報告書には、わたしたちが主張してきたとおりのことが盛り込まれ、大阪はまったくだめ、という評価でした。すでに市議会議員のなかから、磯村市長辞任しろ、という声も出ていますし、わたしたちも磯村市長の責任を追及し、辞任を要求します。辞任しない場合には、難しいかもしれませんが、リコール運動を起こすことも考えています」

「いらない連」は、落選を見込んで七月一三日午後二時、記者会見し、①磯村市長の即刻辞任を要求する、②地下鉄工事中止を要求する、③再度の立候補は認めない、などの声明を発表した。

大阪市などでつくる招致委員会がオリンピック招致活動に費やしたカネは、公にされているだけでも五〇億円を超えている。それ以上に問題なのは、オリンピック招致を大義名分として人工島開発や地下鉄工事を着工しており、それらをあわせると巨額な無駄金がすでに投入されていることだ。落選によってオリンピック招致の大義名分を失ってしまえば、湾岸開発や地下鉄建設などの根拠もなくなってしまう。これまで、磯村市長や大阪市の行政は、そうした点について説明責任を回避しつづけてきたが、これからはそうはいかない。高まる市民の反発を背景にして市議会での責任追及が激しくなるのは必至だ。また、市政の改革を目指して新しい市民組織を立ち上げる動きもあり、今後、大阪市はかつてない激動期を迎えようとしている。

責任を追及されなければならないのは、JOC理事たちも同様である。とりわけ八木JOC会長の責任は重く、辞任すべきだ。JOC側は、次のような口実で責任逃れをしている。

「あくまで招致活動の中心は磯村市長をはじめ大阪市であって、JOCはアドバイスするだけだ」では、JOCは、どのようなアドバイスをしてきたのか。IOC評価委員会報告書で招致活動への取り組みの弱さが重大なマイナスポイントとされているように、JOCはすべて大阪まかせで、アドバイスはおろか、なにもやらなかった。それでいて八木会長は、「大阪オリンピック招致の重要課題が残されている」という理由をこじつけてJOC会長の続投をごり押しした。こうした経緯からいって八木氏自ら責任をとって辞任するのが筋であろう。

大阪市の大失態を教訓として今後、スポーツのビッグイベント招致を大義名分とし、住民の意思を無視して無謀な地域開発を狙うような土建行政を決して許してはならない。

6　自然破壊王・堤義明が打ち込まれたクサビ

一九九九年一二月一六日、群馬県新治村の「新治村の自然を守る会」と(財)日本自然保護協会は、「イヌワシ・クマタカの子育てが続く自然を守る―群馬県新治村・三国山系大型猛禽類生息状況報告―」という貴重な調査報告書を村や県など関係機関に提出した。

この報告書は、三国山系に建設が予定されていた「三国高原猿ヶ京スキー場(仮称)」の計画に対する約一〇年にわたる反対運動の総仕上げとも言える重大な意義を持っている。これまでの経緯を簡単に振り返ってみよう。

「三国高原猿ヶ京スキー場」の開発は、大規模な自然破壊につながる「リゾート法」に基づく「群馬リフレッシュリゾート構想」の中核に位置づけられていた。計画の概要は、スキー場面積一六〇ヘクタール、山頂まで二基のリフトをかけ、下部は急斜面のため駐車場からゴンドラリフトを設営する、など。そして、開発をおこなうのは、コクド(本社・東京、堤義明会長)であった。

開発計画が明らかになるや即時に地元住民は、「新治村の自然を守る会」を結成し(一九九〇年六月)、反対運動に立ち上がった。反対の理由は次のような点だった。

一、スキー場予定地には新治村の給水人口の約二五%を占める村営猿ヶ京水道の水源がある。この数少ない良質な水源がスキー場開発によって汚染され、枯渇し破壊される恐れがある。また、この地帯は上部が天然のブナ林を有する水源涵養保安林であり、一部土砂流出防備保安林である。

二、この地域は、自然が非常に良好な状態で保たれているためにニホンカモシカ、ツキノワグマなどの大型哺乳類、種の保存が緊急課題となっているイヌワシ、クマタカ、オオタカなどの猛禽類、希少種のブッポウソウなどの鳥類、ベニヒカゲ、オオムラサキなどのチョウ類、そのほか多種の昆虫も生息している。

三、三国山系が日本海側と太平洋側の気候の合わさり目であることから、植物も両方の特徴を有する珍しい植物相をなしている。このように生物の多様性を持つ地域として生物学的にも貴重な地域がスキー場開発によって破壊される恐れがある。

「自然を守る会」は、村当局や村議会での話し合いをはじめ、自然観察会、シンポジウムなど多様な活動を通して反対運動を進めていった。開発をおこなうコクドに対しても東京・原宿の本社へ出向き計画を白紙撤回するよう要望書を提出した。しかし、コクド側は、聞く耳を持たぬ、という高圧的な態度で内容を確認しようともせず要望書を突き返した。コクドの非常識な態度に「自然を守る会」は、ひるむどころか徹底的に闘う意志を一層固めた。計画阻止の決め手になるイヌワシやクマタカの営巣の事実を突き止めるため九一年秋に「村民調査団」が組織され調査活動を開始した。九五年春から日本自然保護協会も専門的な立場から協力し調査は一気に本格化した。こうして長期にわたる粘り強い共同作業の努力の結晶として今回の貴重な調査報告が完成したわけである。

それにしてもＪＯＣ（日本オリンピック委員会）会長や全日本スキー連盟会長などの立場を私企

業の利益のために最大限利用し、自然保護を求める切実な訴えを一切無視して開発を進めてきた堤氏の姿勢は、倫理を欠くとともに反社会的であり厳しく糾弾されるべきである。長野冬季オリンピックを利用して、堤氏が計り知れない利益（新幹線、幹線道路などによるスポーツ・レジャー事業への利益）を独占したことを忘れてはなるまい。

今回の報告書（約一〇〇ページにも及ぶ）は、新治村のイヌワシやクマタカについての精緻な調査に基づき、開発計画を中止すべき決定的な根拠を明確に示した。これを突きつけられれば堤氏も開発を断念せざるを得まい。それと同時に今なお全国各地で堤氏が企んでいるさまざまな開発計画に対しても報告書が太い楔（くさび）の効果を持つことは間違いなかろう。

7　ニホンザリガニの告発

ずさんな積算で大会経費が異常に膨張した二〇〇三年青森冬季アジア競技大会問題は、責任を負う木村守男知事・県行政側からいまだに新たな積算が提示されず混迷の度を深めている。大会経費膨張の原因である間違った積算の経過説明をはじめ責任の明確化にいたるまで木村知事・県行政は、県民に対して誠意ある対応を何一つしていない。いまや県民の怒りは、頂点に達し「大会返上」の声が全県に広がっている。

一方、冬季アジア大会問題の混迷状態をしり目に同大会とリンクさせるかたちで堤義明・コクド会長と木村知事とが結託して企てた鰺ヶ沢スキー場(コクドが経営)拡張計画の工事は、住民の反対を押しきって七月四日から始められている。

この拡張計画に対して地元住民ら五七人が二〇〇〇年三月三一日、コクドを相手取り、「立木伐採工事等差止請求」訴訟による法廷闘争を繰り広げている。また、自然保護の立場から反対運動を行なっている「岩木山を考える会」(阿部東会長、以下「考える会」)は、拡張地に分け入り、動植物など自然環境調査を積み重ねてきた。

そして、八月二日、「考える会」のメンバーら七人が拡張地の鳴沢川源流で県のレッドデータブックB種(重要希少野生生物)に指定されているニホンザリガニを発見し、同月一一日に発表した。ニホンザリガニは、北海道と東北北部に生息する日本固有種で、本州では青森県内に大部分生息している。しかし、近年、森林伐採、河川改修、乱獲などにより個体数が減少している。そのため「絶滅の危険が増大している野生生物」として県のレッドデータブックに入れられている。

この発見は、拡張計画を根底から揺るがす重大な意味をもっている。拡張計画の認可を得るために一九九八年、コクドが調査団体「みちのく野生生物調査会」に委託して行なった環境影響調査報告書には「ニホンザリガニは確認できなかった」と記載されているのだ。

もともと、この報告書は改竄の疑いがあった。そのうえニホンザリガニについて虚偽の記載をしたことが暴かれ、完全に信頼性を失った。つまり、拡張計画認可の根拠が崩れたということである。

ニホンザリガニの発見について記者会見した「考える会」の阿部会長は、次のように語っている。

「コクドの環境アセスはずさんであることがわかった。他の生物についてもきちんと調査が行なわれていないのではないか。工事は、ザリガニが見つかったところまで来ていない。今のうちに拡張工事をやめてほしい」

「考える会」は、再調査や自然保護対策を求める要望書をコクドなどに提出することも明らかにした。

一方、コクドや県関係者は、「事実確認は得られていない。生物などに影響を及ぼすことはない」と突っぱねるだけである。

「考える会」関係者の話によると発表の翌日、コクドと県の自然保護課の関係者が一緒に調査し、「ニホンザリガニは確認できなかった」と言い張っているという。その関係者は、怒りを込めてコクドと県のやりかたを糾弾する。

「コクドと県との癒着は、絶対に許せないですよ。こそこそといい加減な調査しかしないで、わたしたちの発表を否定するというのは、とんでもないことです」

「考える会」では、九月にコクド・県・報道の関係者らと一緒にニホンザリガニの生息地に行き、揺るぎない事実を確認させることを考えている。それとともに、訴訟についても、工事差し止め請求に止まらず、環境アセスメントの改竄、虚偽の内容などを問題として行政訴訟に踏み込むことも考慮しているという。

　これまで冬季アジア大会問題の陰に隠されていた鰺ヶ沢スキー場拡張問題にようやくスポットライトが当てられようとしている。地元のメディアもコクドと県の癒着による腐った膿を出す構えを見せており、住民の反対運動と連動するかたちで堤氏と木村知事との悪質な企みの全貌が暴かれていくであろう。

4章

迷走とボス支配——JOCとは何だ

1　疑惑を背負ったままのIOC改革案

二〇〇二年米ソルトレークシティー冬季オリンピックの招致をめぐるIOC（国際オリンピック委員会）委員の買収疑惑が発覚してちょうど一年が経過した。

疑惑解明は、いまだに完了していない。米国の議会、司法省、FBI（連邦捜査局）などは、サマランチIOC会長や金雲竜理事（韓国）などにかかわる疑惑の核心部分に焦点を定めて調査を続けている。

そうした状態のなか、疑惑を背負ったままのサマランチ会長を中心として検討されてきたIOC改革案がまとまり、一九九九年一二月一二日の臨時総会で承認された。IOCの組織や構成、開催都市の選定などに関して五〇項目の改革を盛り込んでいるものの堕落、腐敗したIOCを根本から改革する内容とはなっていない。

大掛かりな買収疑惑が明らかになった段階で欧米のメディアをはじめ、サマランチ会長の辞任を求める声が広まった。しかし、サマランチ会長は、責任問題をすりかえて居座り続けるため、元アメリカ国務長官・キッシンジャーらを引き込むなどして改革の音頭とりを演じた。

言うまでもなくＩＯＣを堕落、腐敗させたのはサマランチ会長の独裁体制である。その体制を解体しないまま、組織や構成をいじくったり、オリンピック開催都市の選定方法を変えてみたりしたところで真の改革などできるわけはない。

振り返ればサマランチが会長に選ばれたのはモスクワオリンピックの行なわれた一九八〇年だった。当時、オリンピックを取り巻く状況は混沌としていた。選手の専業化(国、企業、大学などから資金援助を受けて競技に専念する)によってオリンピックの思想的なバックボーンとされてきたアマチュアリズムが崩された。それとともに東西冷戦構造や民族紛争など国際的な政治問題に翻弄され続けた。

モスクワオリンピックを西側諸国がボイコットしたことによってオリンピック運動は息の根を止められてしまった。スポーツの基盤である肉体的・道徳的資質の発展を推進することや、スポーツを通じ相互理解の増進と友好の精神にのっとって若人を教育し、それによってより良い、より平和な世界の建設に協力すること、というオリンピック運動の理念が有名無実なものになったからである。

こうした状況のなかでサマランチは、スペイン内戦を経てファシズム体制を築いたフランコのもとでファシストとして活躍した重大な経歴を隠し、「実業家、不動産、金融のコンサルタント、モンゴルやソ連の駐在大使」という肩書きで会長選挙に名乗り出た。

元ファシストが会長選に出馬すること自体オリンピック運動の理念に反するものであり、ＩＯＣの権威を貶めることでもあった。しかし、理念もモラルもない集団と化したＩＯＣ委員たちは、サマランチを選んだ。その裏には、「闇の帝王」とも「スポーツマフィア」とも言われたアディダスのオーナー、ホルスト・ダスラーの買収工作があったといわれる。要するにサマランチはＩＯＣ会長のポストをカネで買ったのだ。

サマランチ会長体制がスタートしてから一年後の一九八一年、旧西ドイツのバーデン・バーデンでＩＯＣ総会が開催された。一九八八年のオリンピック開催都市の選挙が最重要事項であった。この選挙でソウル側についたホルスト・ダスラーの大掛かりな買収工作にサマランチ会長も荷担した。そして、優勢と見られていた名古屋を大逆転してソウルが選ばれた。これを契機にオリンピック招致に絡む買収工作は当たり前のこととなった。

サマランチ会長が独裁体制を固めていくのにともなってＩＯＣの拝金主義、金権体質もより強固となり堕落、腐敗していった。

いまなすべきことは、サマランチ会長体制を温存したままのＩＯＣを解体したうえで新しい組織を構想するとともに、運動としての存在意義を失なったオリンピック大会をどのように改革すべきか、根本から考え直すことである。

2　ＪＯＣ理事の堤告発を意義あるものに

月刊誌『文藝春秋』二〇〇〇年三月号にＪＯＣ（日本オリンピック委員会）理事の菊地陞氏による「堤義明名誉会長　ＪＯＣ恐怖支配の一部始終」という告発手記が掲載された。ＪＯＣ内部から堤氏に対する批判がなされたのは、前代未聞で、それだけでも画期的なことである。

なにしろ、一九八九年に日本体育協会から独立して以来、ＪＯＣは堤氏（初代会長）の独裁体制のもとで運営されてきた。会長から事務局員にいたるまでの人事をはじめ組織運営上の重要事項は、すべて堤氏の意向で決められるという徹底ぶりであった。別の言い方をすれば堤批判は、まさにＪＯＣが抱える問題の核心を突くことであった。そして堤批判は、ＪＯＣでの最大のタブーとされた。菊地氏がそのタブーをうち破り告発した意義は、極めて大きい。

菊地氏がなぜ堤批判に踏み切ったのかを推測すると窮鼠猫をかむ、といったことではなかろうか。

一九九九年、古橋廣之進氏の退任に伴う後任会長問題が浮上した。菊地氏は、密室での人事に反対し、立候補者が政策を明らかにし、その上で公開の選挙をすべきである、と主張した。しかし、堤氏の傀儡として会長の座を狙う八木祐四郎専務理事（全日本スキー連盟専務理事）は、公開による選挙を拒否し堤一派の理事による「選考会」なるものをでっちあげ、思惑通り会長に選ばれた。

これを契機に八木会長ら堤一派の理事による菊地バッシングが始まった。

一九九九年明らかになった補助金不正受給問題で、菊地氏が会長を務める日本ライフル射撃協会など四団体に対して文部省から適正化の勧告が出された。八木会長ら堤一派の理事は、狙い撃ちするように菊地氏の責任を追及し、ＪＯＣの各種委員会の役職から身を引くこと、またＪＯＭ（ジャパン・オリンピック・マーケティング、ＪＯＣや電通などが出資しているオリンピックビジネスの会社で菊地氏が社長）社長からの退任を迫った。反論を封じられ一方的に追い詰められた菊地氏は、最後的手段として核心を突く堤告発にあえて踏切り、逆襲に出たということであろう。

告発のポイントは、堤氏のＪＯＣ私物化ということである。菊地氏は、こう指摘している。「人事を掌握して決定権を保持し、自分と関わりのある企業に利益を誘導する。これを、世に『私物化』という」と。人脈や人事についての興味ある堤発言が紹介されている。

長野冬季オリンピックの終了直後、堤氏主催の慰労会（菊地氏も同席）が開かれ、席上堤氏は、こう発言したという。

「サッカーくじ法案はたいへんだったけど、これでオリンピックもやりやすくなる。一番の功労者は、体操の小野清子でも麻生太郎でもない。ここにいる田名部匡省さんだ。こういう人は体育協会の会長かなんかにどうか」

菊地氏は、堤氏の本心は田名部氏（元農水大臣、現参議院議員）を日本体育協会の会長ではなくＪＯＣ会長にしたいのではないかと読む。アイスホッケーを通じて田名部氏も堤氏の傀儡となった人物である。

人事を掌握し、人脈を使って自ら率いる西武鉄道グループや関連企業へ利益誘導する堤氏のJOC私物化について菊地氏は、長野冬季オリンピックや青森冬季アジア競技大会などを例に挙げて堤氏の利益誘導のやり口を暴いている。

この告発をJOCにとって意義あるものにするには、提示された問題点を一つ一つ掘り下げて事実関係を明確にするとともに、堤支配体制を改革するための議論を起こすべきである。しかし、八木会長ら堤一派の理事たちは、現体制保守のために議論を封殺し、一五日の理事会で解任を決議し、臨時評議員会での承認をとりつけて菊地氏を一気にJOCから排斥する考えだ。

組織内での批判や議論の自由を圧殺する堤氏一派のファッショ的なやりかたの結末は、自らJOCの公益性を打ち壊し、組織としての存在意義を抹殺してしまうことである。

3 プリンスホテル野球部廃部の背景

二〇〇〇年四月一一日、社会人野球「プリンスホテル」を二〇〇〇年シーズン限りで廃部するという電撃的な発表があった。チームの監督や選手でさえ廃部を知らされたのは、発表当日のことだったという。

二一年の歴史を持つ同チームは、一九八九年に都市対抗優勝、九二年に日本選手権準優勝の実績を残したほか、プロ野球界で、プリンスホテル出身選手の中尾孝義捕手、石毛宏典内野手、石井丈裕投手が最優秀選手に選ばれ、石井浩郎内野手（ロッテ）、藤井康雄外野手（オリックス）、小林幹英投手（広島）らは現役で活躍している。

堤義明コクド会長の大番頭といわれるプリンスホテル社長・山口弘毅氏は廃部の理由をこう述べた。

「西武グループ全体として応援していくには西武ライオンズと一本化させることがベストと思った」

山口氏のいう理由は、まったく説得力がない。もともと社会人野球とプロ野球とは存立基盤や性格を異にしており、一本化などできるわけがない。「一本化」といったあいまいな言い回しで経費削減のためのリストラという理由をごまかそうとしているのは明らかだ。

前々からプリンスホテルの業績が悪化しているという話をよく耳にしていたので、経費節減のための廃部はあり得ることではあった。しかし、そうした状況であってもまさか廃部するとは考えられなかった。なぜかといえば、もともと、一〇〇社近いといわれる西武鉄道グループをバックにして同グループの総帥である堤氏自らプリンスホテルチームを結成したからには、相当の思い入れがあったはずだからである。

野球に関心の薄い堤氏が社会人野球に乗り出した唯一の理由は、オリンピックへ自分のチームを出場させるという野望であった。七〇年代後半ごろから野球をオリンピックの正式種目に加えるよう国際野球連盟がＩＯＣ（国際オリンピック委員会）に働きかけ、八四年のロサンゼルス・オリンピックで実現する可能性が出てきた。そうした情勢を踏まえて堤氏にチーム結成をアドバイスしたのは、日本社会人野球協会の山本英一郎氏（現日本野球連盟会長）であった。オリンピックに対応するため同協会も日本野球連盟と改名（八四年）し、ＪＯＣ（日本オリンピック委員会）に加盟した。

堤氏がプリンスホテルチームを結成したのは七九年。堤氏らしい強引なやりかたで、その年ドラフト指名の候補に上がっていた六大学、東都大学の有力選手を根こそぎ獲得し、プロ野球界を唖然とさせた。

一方で堤氏は同じ年にパ・リーグの球団を買収して新生「西武ライオンズ」をスタートさせ、ペナントレースに加わった。いきなり社会人野球とプロ野球に乗り込んできた堤氏に対してプロ野球界は疑心暗鬼となり、批判的な声も上がった。

「プリンスホテルチームが有力選手を確保し、その後、西武ライオンズへ送り込むという新手のドラフト破りが堤氏の狙いではないか」

チーム結成から一三年を経てようやく九二年のバルセロナ・オリンピック大会で野球が正式種目に採用された。しかし、プリンスホテルチームを中心にした日本代表のオリンピック出場という堤氏の野望は果たされなかった。そして、二〇〇〇年のシドニー・オリンピックからプロ選手の参加が認められることになった。プリンスホテルの廃部の背景にはリストラばかりでなくオリンピックにプロ選手が参加できるのであれば社会人野球チームを持つ必要がない、という堤氏の判断があったのではあるまいか。

バブル経済崩壊後、伝統を誇ってきた社会人野球の名門チームが経営悪化を理由に相次いで廃部されてきた。追い打ちをかけるようにプロ選手の参加によってオリンピック出場という重要な拠り所まで揺るがされ社会人野球は、ますます危機的状況に追い込まれている。プリンスホテルの廃部は、まさにそうした状況を象徴するものと言える。

4　一億円近い不正受給の背景

二〇〇〇年一〇月一一日、ＪＯＣ(日本オリンピック委員会)総務委員会総会で、加盟競技団体による国庫補助金やスポーツ振興基金の助成金の不正受給金額が明らかにされた。不正受給の総額は一億円近くにも達している。
○柔道　三二八四万円
○陸上　一六二五万円
○バレーボール　一〇九二万円
○テニス　九六三万円
○ボート　五八七万円

○ハンドボール　四九二万円
○カーリング　四〇八万円
○ボブスレー・リュージュ　三四九万円
○体操　三二四万円
○ソフトボール　一六八万円
○弓道　三八万円

一九九九年一〇月、日本ライフル射撃協会など四団体の不正受給が突如として明るみに出された際、「もっと大口の不正受給をやっている競技団体がある」と、競技団体の間で噂されていた。噂は真実だったと判明したが、なぜ今まで公表されなかったのか。

一九九九年、不正受給で四団体だけが表面に出たのは、意図的なリークによるものだったと見て間違いない。その意図とは、八木祐四郎JOC会長が、対立関係にあった菊地陸日本ライフル射撃協会会長（JOC理事）を失脚させる狙いだ。特にJOM（ジャパン・オリンピック・マーケティング㈱）社長の座から菊地氏を引き下ろすというのが八木氏ら一派の主眼だったと、JOC関係者は断言する。八木氏ら一派は、その企みに不正受給問題を巧妙に利用した。

そして、他の競技団体の不正受給については、シドニー・オリンピックが終わるまで隠した、ということらしい。しかし、JOC幹部らは、「一九九九年発覚した四団体は悪質であり、今回は不正受給ではなく、不適切な使用だ」と言い張っている。そうした言い逃れしかしないJOC幹部らの責任も、厳しく追及しなければなるまい。「公益法人」の資格を剥奪されかねない、ということの重大さがわかっていない。

もともと国庫補助金は、文部省からＪＯＣに対して出されるため、ＪＯＣは、その分配や処理について責任がある。競技団体から出される会計報告をチェックし、疑問点があれば訂正させるなどの指導をするのがＪＯＣの役割である。その役割を果たしていないＪＯＣは、自らの責任を明確に示す意味から総務委員会を処分の対象にしなければなるまい。

不正受給の発覚した競技団体に関係する小粥義朗ＪＯＣ専務理事（全日本柔道連盟）、小掛照二ＪＯＣ副会長（日本陸上競技連盟）などが理事以外の役職を辞任するのは当然である。それに、ＪＯＣの関係委員会である総務委員会の遅塚研一委員長（日本アイスホッケー連盟常務理事）も辞任すべきである。また、関係する競技団体は、これを契機として、思い切った執行部改革を断行すべきだ。

日本陸上競技連盟では、佐々木秀幸専務理事の辞任、河野洋平会長と三副会長らの諭旨処分などを発表した。しかし、そうした処分だけで済まさずに、強い批判を受けている「早稲田大学閥」による支配体制を解体して、日本陸上界に新風を送り込むところまで踏み込むべきであろう。

日本体操協会では、徳田虎雄会長が主導するかたちで自ら辞任するばかりでなく、副会長や常務理事らに辞表を提出させ、権力をほしいままにしてきた「日本体育大学閥」中心の執行部を解体する意向を打ち出した。学閥にかかわる役員らの反撃も予想されるなか、執行部解体を実現させられるかどうかは、良識ある体操関係者の結束力にかかっている。

一連の不正受給問題の背景には、いまもって院政を執る堤義明ＪＯＣ名誉会長の傀儡である八木会長体制のＪＯＣ執行部はもとより、各加盟競技団体の長老や学閥支配による組織腐敗がある。なにをおいても、堤氏の影響力を断ち切ることが必要である。

そして、組織の若返りをはかるとともに民主的な運営による開かれた組織へ大改革するしか、ＪＯＣや競技団体の信頼回復の道はない。

5 密室で決められるＪＯＣ会長

二年前、ＪＯＣ（日本オリンピック委員会）会長に八木祐四郎氏を選出した際、「密室で決められた」と批判の声が上がった。

選出の経緯を要約するとこういうことだった。八木氏のほか猪谷千春氏、笹原正三氏が立候補した。三人のなかから誰を選ぶかについて、理事会は古橋廣之進会長（当時）に一任することを決定。古橋会長は、一人一人呼び出してかたちばかりの面談をし、選出の根拠についての説明を一切することなく「八木氏に決めた」と発表した。猪谷、笹原両氏にしてみれば、キツネにつままれたような話であった。

要するに、根回しによって、最初から堤義明名誉会長のお墨付きを得た八木氏が選ばれる筋書きになっていたのだ。

二〇〇一年三月末にまた会長選が巡ってくる。ＪＯＣの体質がまったく変わっていないことから判断すれば、今回も前回と同じようなかたちで会長が選ばれる可能性が大きい。

一月一八日に開かれたＪＯＣ理事会で、八人の選考委員会（ＪＯＣ理事五人、評議員二人、横浜国立大学学長）が候補者を一人に絞りこみ、三月の理事会・評議員会に諮ることを承認した。この選考委員会なるもの自体がいかがわしい。なにを基準にして選ばれているのか説明されていない。公金の不正受給にかかわりがある競技団体関係者もいるし、横浜国立大学学長が突如として加えられた理由もさっぱりわからない。

「八木会長を選び出すために仕組まれた選考委員会」という見方がもっとも当を得ていると言えそうだ。とはいえ、「役員は就任時七〇歳未満」という規則があり、七〇歳を過ぎた八木会長が続投するためには、規則を変えなければならない。その点について福島忠彦ＪＯＣ専務理事代行が、「定年制見直しも有り得る」と発言し、八木会長続投も大いに有り得ることをほのめかした。

当の八木氏は、「続投はしない」と公言している。しかし、それが本心だと受け取るＪＯＣ理事はほとんどいない。自分から言い出さなくても、選考委員会で定年延長の提案とともに自分が選出される筋書きをつくればいいわけである。すでに、その筋書きができあがっている、という見方もある。

八木会長は、なにはさておいても自分の商売（建物のメンテナンス＋東京美装興業㈱代表取締役会長）を優先させる考えの持ち主。オリンピック運動についての認識はもちろんのこと、競技団体を束ねるスポーツ組織としての理念も倫理観もない八木氏を会長に選んだことで、ＪＯＣの信頼は地に落ちてしまった。もし、八木氏が続投するようなことになったら、ＪＯＣは世間からほとんど見放されてしまうであろう。

八木会長の続投にはっきりと反対の意思表示をしているのは、林克也理事（日本ウエイトリフティング協会会長）だけ、という。

JOC（日本オリンピック委員会）竹田恒和会長

林理事は、こう指摘する。

「前回の会長選について密室で決めたと批判されました。その反省を含めて会長選は、もっとオープンにしなければいけません。選考委員会だけで決めて突然誰に決めた、と発表するようなことでは納得できない。選考基準や選考方法などを明確にして、選考の過程についてもできる限りオープンにして、だれにも見えやすいかたちをつくるべきです。

ＪＯＣは公益法人でもあり、国庫補助（二〇〇〇年度一三億三六六八万二〇〇〇円）も受けているのだから、国民の審判を受ける選挙というものにする必要があると思います。会長選挙のために定年制を変えるというのは、まったくおかしい。会長候補としてスポーツ界だけに限らず広く人材を求めれば、優れた人材はたくさんいますよ。まず、どういう人材を会長にすべきなのかもっと議論をしていく必要があります」

林氏の言うような当たり前のことが、ＪＯＣ理事会では少数意見として完全に無視され、切り捨てられてきた。今後の会長選の成り行き次第で、改めてＪＯＣの本質が問われることになるであろう。

（会長に再選された八木氏は二〇〇一年九月九日急死。同年一〇月二四日、後任に竹田恒和氏が選ばれた。）

5章

巨人至上主義がプロ野球をダメにする

1　オリンピックのサッカーに惨敗した巨人

優勝を目前にした二〇〇〇年九月二〇日の広島対巨人戦は、オリンピック・サッカーの日本対ブラジル戦に食われたこともあって、ビデオリサーチによる視聴率は巨人戦（TBS）八・七％（今シーズン最低）。サッカー（フジ）は二六％だった。巨人戦がこれほどの惨敗をきした例はない。

今シーズンのセ・リーグは、大方の予想通り、巨人圧勝（九月二四日、七七勝五四敗で優勝）のペナントレースとなった。ところが巨人戦のテレビ視聴率は、二〇％を稼ぐのに苦労する「ドル箱」らしからぬ低迷ぶりであった。ペナントレースの山場となった八月の平均が一七・四％、九月に入ってオリンピック開幕以降は一二％台に落ち込んだ。

オリンピックの影響を受けたとはいえ、巨人戦視聴率の下落ぶりは異常と言えよう。その原因がどこにあるのかは明らかである。巨人戦は視聴者を楽しませてくれないからだ。つまり、娯楽番組としての商品価値が低くなった。その原因をつくったのは、読売グループで最高責任を負う最高経営会議であり、とりわけ最大権力者で巨人オーナーの渡邉恒雄・読売新聞社社長だ。

渡邉氏が巨人のチームづくりで大きな考え違いをしたことを理解できなかったのが最大の問題で、その責任は重大である。その考え違いとは、「一人勝ちの企業論理」である。

渡邉氏は、新聞・テレビ業界で常に一人勝ちを目標にしている読売グループの企業論理を巨人にまで押しつけてきた。その象徴がドラフト制を骨抜きにする逆指名の強要や、札束による強引な戦力補強である。

今シーズン、渡邉氏は、巨人が一人勝ちするためにＦＡ（フリーエージェント）宣言した工藤公康投手や江藤智野手をはじめ有力選手をがむしゃらに集めた。その結果、巨人は、二チーム分と言われる戦力を持ち、「優勝して当然」「だれが監督をやっても優勝できる」という見方をされた。巨人のフロント陣は、「一〇〇勝はできる。八月中に優勝の胴上げ」と気勢をあげ、長嶋茂雄監督も「スタートは二〇勝一〇敗」とぶちあげた。

しかし、一人勝ちのためのチームづくりの考え方がファンの期待するチーム像との間に大きなギャップを生むことを、渡邉氏やフロント陣はまったく理解できなかった。ファンは、札束でかき集められた選手より、巨人で育て上げられ適材適所で活躍する選手を中心にしたチームを期待している。

チーム編成についての明確な方針もなく闇雲に有力選手を集めたために、極めてアンバランスなチームになってしまった。松井秀喜、高橋由伸に加えて江藤、マルティネス、清原和博という強打者を抱えて、起用や打順は、日替わりの状態。それに伴い守備陣も当然、コロコロ変わる。

単に大砲を並べてホームランをぼかぼかっと打って勝つ、巨人のゲームは味も素っ気もない。戦力の拮抗するなかで、タイプの異なる選手によってさまざまな戦術が駆使されるゲーム運びにこそプロ野球の面白さはある。圧倒的な戦力で大味なゲーム運びをする巨人からファンが離れていくのは、当然であろう。

渡邉氏の「一人勝ちの論理」は、テレビ視聴率下落に止まらず、プロ野球全体の人気凋落に拍車をかける深刻な事態を招いている。この事態を打開するためには、全球団が結束して、渡邉氏の論理を打ち砕かねばならない。その具体策としては、すべての球団の戦力を均衡させるドラフト制度の本来の目的を実現させるために逆指名を廃止し、完全なウエーバー方式(最下位チームから指名していく)の採用を実現することだ。

また、契約金について決められた基準を破った場合には罰則を科すよう規則を改正すべきである。規則を破ったり、全体の発展を阻害するようなモラルハザードを厳しく監視するのは、コミッショナーの役割である。しかし、渡邉氏の言うなりになっているのがコミッショナーの現実であり、独立した機関として厳正に権限を行使する体制へと早急に改革する必要がある。

2　長嶋監督が辞任した本当の理由

二〇〇一年九月二八日、巨人・長嶋茂雄監督が辞任を発表した。ありあまる戦力を擁しながら優勝を逸した責任をとって辞任するのは妥当なことだ。しかし、渡邉恒雄・巨人オーナー(読売新聞社長)が八月中旬、「長嶋永久監督」を公言し、当の長嶋監督もユニフォームに執着しているといわれていただけに、突然の辞任表明は意外な印象を与えた。

しかも、辞任の理由として長嶋監督は、「若返りが急務だ」と、世代交代を強調した。その理由だけで突然辞任表明するというのは納得できない。「若返り」をいうのであれば、もっと前に辞意を表明する機会があったはずだ。

一九九七年のシーズンオフに、読売グループの最高責任者で構成する「最高経営会議」を代表して渡邉オーナーから、長嶋監督は、こういわれたという。

「君は何もしなくていい。堀内恒夫ヘッドコーチが現場を指揮するから」

「何もしなくていい」というのは、もはや用がないということであり、これほどの屈辱はあるまい。そればかりか、ゼネラル・マネジャー役として長嶋監督自らが招き、全面的に頼りにしていた河田弘道氏を渡邉オーナーは一方的に解任した。

これだけの仕打ちを受けたのだから、長嶋監督のほうから辞表を叩き付ける絶好の機会だった。しかし、長嶋監督は、ユニフォームに執着したのであろう。いわれるままにお飾りでしかない監督の座に居座った。

こうした経緯があっただけに、いまさら「若返り」などというのは、しらじらしく説得力がない。決定的な理由は、「長嶋神話」の崩壊が最大の理由ではなかろうか。

「スーパースター」「ミスター・プロ野球」「ミスター・ジャイアンツ」などといわれつづけ「長嶋人気は不変」という神話が作り出された。しかし、今季の巨人戦視聴率が平均で一ケタに近く、ゲームによって一ケタしか取れないケースも出てきた。

長嶋監督は、自分の人気がもはや巨人戦視聴率の低迷に歯止めをかけられないことにショックを受けたのではあるまいか。また、『読売新聞』・日本テレビグループ内から出ている監督交代を望む声も耳に入っているはずだ。視聴率低迷に危機感を募らせる日本テレビ関係者は、きっぱりとこういった。

「長嶋さんでは視聴率を取れませんから辞めてもらって江川（卓）とか若い世代に変わってほしいですね。長嶋永久監督なんてたまりませんよ」

「長嶋人気」を支えてきたのは、一貫して四〇、五〇歳台（男性）で、若い世代にはつながっていない。しかも、これまで支えてきた世代の巨人離れが起きている。その原因になっているのは、「巨人さえ強ければいい」という渡邉オーナーの「巨人至上主義」の傲岸不遜で横暴なやりかたに対する反発だ。

渡邉オーナーは、球団運営やチーム編成などについてまったくの素人であるにもかかわらず、独裁者として自分の思い通りに巨人を振り回している。そればかりでなく、コミッショナーからリーグ会長の人事まで動かし、強引に「逆指名」を認めさせ、ドラフト制を骨抜きにし、思うように選手の逆指名を受けるとともにＦＡ（フリーエージェント）宣言した選手ともども根こそぎ札束攻勢で獲得した。

その結果、巨人は四番打者がずらりとならぶ異常なチーム編成になってしまった。それらの大砲に頼るためにゲームは大味なものになり、その大砲が不発に終わったときには目も当てられないほど惨めだった。

渡邉オーナーの「巨人至上主義」が巨人ばかりか、プロ野球全体の人気を低迷させる原因となったのは、間違いない。いまや、「解体説」まで流れるほどにプロ野球はエンターテインメントとして存亡の危機に直面している。この事態を打開するためには、逆指名を廃止した完全ウエーバー方式のドラフト制採用、ＦＡ資格取得年月の短縮、セ・パ交流試合の実現など、球界を活性化させるために思い切った改革が必要である。

3　松井に残れと望む長嶋監督の白々しさ

アメリカ大リーグでのイチロー選手や新庄剛志選手らの活躍に関心が集まっているのと裏腹に、日本のプロ野球ではファン離れが加速している。今シーズンに入ってからの巨人人気の急速な下落は、そのことを象徴している。

二〇〇一年五月一日の巨人対中日戦を中継した日本テレビの視聴率が一一・六％（ビデオリサーチ調べ）に落ち込んだ。巨人戦の観客数も明らかに減っており、とりわけ地方球場などでは空席が目立っている。東京ドームの巨人戦でさえ、当日券を入手するのはさほど難しくないらしい。

　こうした事態のなかで、思いもかけない巨人軍・長嶋茂雄監督の発言が飛び出した。五月五日付の『朝日新聞』私の視点欄に長嶋監督が「松井よ、君は残ってほしい」という見出しで一文を寄せたのだ。

　巨人の親会社である『読売新聞』ではなくライバル紙の『朝日』に寄稿するのは異例なことだ。理由はいろいろあるだろうが、少なくとも身内の新聞ではなく『朝日』に寄稿したことで強いインパクトを与えたことだけは間違いない。

　長嶋監督発言のなかには、観客動員の減少や視聴率の低下など人気低落に加えて、「来年はアジアで初めてのワールドカップ・サッカーが開かれます。おそらく球界はかなりの試練、正念場を迎えるでしょう」と、プロ野球の直面す

巨人……松井秀喜選手

る事態を深刻に受け止めている率直さも認められる。

しかし、長嶋監督がもっとも強調したかったのは、見出しにもなっているように松井秀喜選手の慰留であろう。来年オフにＦＡ（フリーエージェント）資格を得る松井選手が大リーグ入りを希望する可能性は大いにある。実際に、松井選手は巨人にこだわっていない、という球界関係者の話も聞くし、大リーグの多くの球団が松井選手に関心を示しているのも確かなようだ。

長嶋監督もそうした動きを察知したうえで、こう慰留する。

「松井は球界を代表するビッグタレントですから、球界全体の問題でもある。行かせてやりたい気持ちはやまやまですが、日本球界のために残ってほしいという思いもあります」

この発言は、要するに松井選手を手離したくない巨人の思惑を「日本球界のため」ということにすりかえているのではないか。

選手の移籍についてとやかく言える立場にないはずの長嶋監督がこうした発言をするのは、読売グループ経営陣の代理役を負わされているからとしか考えられない。

「巨人さえよければいい」という本音をカモフラージュして「日本球界のため」と言いくるめる読売グループ経営陣の狙いが見え見えだ。

「野球界全体が危機意識を持ちながら、精進を惜しんではいけません」という長嶋監督の結びの言葉には、白々しささえ感じる。プロ野球人気を凋落させ、深刻な事態を招いている主要な原因が「巨人独り勝ち」の構造にあるという認識がまったく欠落している。巨人は、ドラフト制を崩し、資金力にものをいわせて有力選手をねこそぎ獲得し、他チームに比べて断然の戦力を持っている。そのような「勝って当たり前」のチームの存在によってゲームへの興味が失われるのは、当然であろう。

「巨人さえよければ日本球界すべてよし」という読売グループ経営陣の驕りの意識による球界支配が続くかぎり、危機的状況は止まることなく進んでいくであろう。

巨人がどんどん独り勝ちしてファンも決定的に離れてしまう事態にならなければ日本のプロ野球は変わるまい、というニヒルな見方もかなり蔓延してきている。その一方では、「日本のプロ野球は、いずれ大リーグに吸収されるかもしれない」という極論まで飛び出している。

無為無策の球団オーナー、コミッショナー、セ・パ両リーグ会長などをリストラし、明確な理念のもとで思い切った施策を講じられる体制をつくらないかぎり、日本プロ野球界の危機的状況を打開するのは無理なのだ。

4 オリンピックをだしに使う渡邉オーナーの狙い

プロ野球の開幕を前にして日本テレビの関係者は、巨人戦中継番組のCM販売について昨シーズンより事態はさらに悪化していると話す。「昨年のこの時期にはなんとか完売していた巨人戦ナイターが今年はいまだに売り切れていない状態です。なにしろ巨人に関する話題は、長嶋(茂雄)から原(辰徳)への監督交代などのマイナス材料ばかり。そのうえ松井秀喜選手が今オフに大リーグ入りする可能性もあるということで先行きも真っ暗という状態だから仕方ありませんが……」

二〇〇〇年五月末から開幕する韓日共催サッカー・ワールドカップの直撃を食らい、従来以上に今シーズンのプロ野球が深刻な事態に直面することは誰もが予想してきた。それにもかかわらずプロ野球界は、何一つとして積極的な対策を打ち出せないままシーズン開幕を迎えようとしている。

そうしたなかで、相変わらず見当違いな発想から大声を上げているのが渡邉恒雄・巨人オーナーである。二〇〇二年二月二七日、都内のホテルで開かれた巨人を応援する財界人で作る「燦燦会」に出席後、渡邉オーナーは、ソルトレーク冬季オリンピックでの日本選手の成績不振を「だらしない」と憤慨し、こうぶち挙げたのだ。

「(アテネオリンピックについて)松井に旗手になってもらい、金メダルをとってもらいたい。アテネでは、アマチュア野球と協力する。やるからには勝たないと。松井も清原も高橋由伸も、他チームもエース級をどんどん出せば、金メダルをとれるだろう」

「オリンピックよりペナントレースの方が重要だ。したがって日本野球代表チームに巨人選手は出さない」と、二〇〇〇年シドニーオリンピックを前にして強調した時の渡邉オーナーは、それなりに筋が通っていた。今回の「オリンピック代表チームへの全面協力」という豹変ぶりには、渡邉オーナーなりの魂胆があった。それは、今シーズンのオフにFA(フリーエージェント)権を得る松井選手を何としても巨人に残留させたいというものだ。そのことは、松井選手の大リーグ入りの可能性について、「それは彼が決めること。国を思うか、一時の名声をとるか、だ」という渡邉オーナーの答えかたによく表れている。

この発言は、巨人中心主義に加えて、「お国のため」という右翼的な国家主義こそが渡邉オーナー本来のイデオロギーであることをもさらけだしたといえよう。

オリンピックの権威そのものが地に堕ちてしまっているうえ、いまだにほんの一部の国でしか普及していない野球で金メダルをとったところで意義などほとんどない。ただ、渡邉オーナーはメディアを背景に巨大な影響力を持つだけに、巨人中心の日本代表チームで金メダルを獲得することで国家主義を剥き出しにして煽る危険性が大きい。

プロ野球の現状を考えればオリンピックでのメダル獲得などといっている場合ではなかろう。選手、球団オーナー、ファンにいたるまで早く実現すべきだと強い要望のあるセ・パ両リーグの交流試合(公式試合として)一つを取り上げても、実現にむけた議論はほとんど行なわれていない。プロ野球界の単独行動主義者といえる渡邉オーナーが交流試合に理解を示しているような素振りを見せながら、肝心なところで「公式試合としては認めない」と否定し去ると、他のオーナーはそれに一切反論できない有様だ。今シーズンから横浜ベイスターズのオーナーになる砂原幸雄TBS社長にしても、関心はもっぱらTBSテレビやラジオにとってのメリットであり、プロ野球についてどうあるべきかといった独自のビジョンはなく、渡邉オーナーに追従するだけだろう。

石井一久投手(前ヤクルト)のドジャース入りなどもあり、今年(二〇〇二年)は大リーグへの関心が昨年（二〇〇一年）以上に高まるのは間違いない。サッカー・ワールドカップでの日本代表に対する異常な熱狂も巻き起こるであろう。そうしたなかでプロ野球界は、自らの無為無策によって一層の危機的状況に陥るであろう。

5　メディア戦争の道具にされるプロ野球

フジサンケイグループのニッポン放送が二〇〇一年一一月一五日、横浜ベイスターズの筆頭株主になったのに対して、巨人オーナーの渡邉恒雄・読売新聞社長が猛反発、読売・日本テレビグループ対フジサンケイグループのメディア戦争にエスカレートする様相となってきた。

横浜ベイスターズの筆頭株主になったニッポン放送は、フジテレビの筆頭株主でグループ企業として緊密な関係にある。そのフジテレビがヤクルト球団の株を二〇％所有している。両社の関係からいって「独立した企業だから問題ない」というニッポン放送やプロ野球実行委員会の見解は筋が通らない。野球協約一八三条（球団は直接間接を問わず他の球団の株式を所有することはできない）に違反する、とする渡邉オーナーの方が正論である。

審議で一切異議がでなかったというのは、同席した川島広守コミッショナーをはじめすべての委員が野球協約一八三条の趣旨を理解せず、承認を前提にした都合のいい解釈で済ませたということであろう。

いずれにしても、プロ野球界を健全なものにしようという意識がどこにもみられない。改めて球界のモラルのなさを思い知らされる。

今回の紛争の経緯をみればわかるように、関係する企業間の利害しか念頭になくプロ野球を支える一般大衆ファンの立場はまったく無視されている。

プロ野球機構も球団オーナーも、プロ野球の「公共性」を最優先させる理念やモラルを欠き、「企業論理」を優先させた考え方しかしていない。しかし、メディア企業間の争いということからメディアの球団経営がもたらす弊害を徹底追及する絶好の機会でもある。

いまさらいうまでもないことだが、巨人中心主義の球界構造は『読売新聞』・日本テレビの強力な影響力をバックにつくりあげられてきた。それらのメディアは、巨人戦は新聞の拡販材料であり、テレビ視聴率を稼ぐ娯楽商品としか考えていない。そして、メディアは、あの手この手の演出を凝らして強引にスターをつくりあげたり、バラエティー番組化したりして娯楽としての商品価値を付加しようと必死になっている。これまで、こうしたメディアのスポーツへのかかわり方が球界で問題視されないままできた。改めてその問題を考えるべきであろう。

英国では、スポーツを娯楽としか捉えないテレビやラジオに対して第三者機関による批判的な報告書（アナン報告書）が出されている。参考のために一部を紹介してみる。

「彼ら（ＢＢＣとＩＴＶ）がするべきことは、人びとを楽しませることだけでなく、スポーツの基本原理を教え、理論だけ振り回す評論家気取りの視聴者の理解力を高め、そのうちのある人びとをスポーツに積極的に参加するように鼓舞することである。

しかし、批判的であることなしに教育的であることは難しく、もしスポーツとメディアの関係があまりに緊密であると、批判することは困難な状況となる。（中略）

大手テレビ局とラジオ局のスポーツ部が選手や組織委員と親密な関係を保とうとすること、これらはすべて、メディアの果たすべき課題にたいする大きな障害を生みだす要因である」（『英国スポーツの文化』トニー・メイソン著、同文舘出版刊）

メディアが娯楽産業の一つとして直接球団を経営することは、とりもなおさず批判を規制し、その結果教育的役割を果たせないばかりか、より大きな障害を生みだすことになるのだ。その意味からもプロ野球を道具にした読売・日本テレビグループとフジサンケイグループとの紛争は、球界にとってマイナスの影響しかない。

「コミッショナーの裁定が協約に反していたらプロ野球機構から脱退する」と脅迫し、強引に決着をつけようという渡邉オーナーのやりかたではファンの理解は得られない。ファンにとってのプロ野球の価値や役割は何か、という原点に立って問題を解決する必要がある。

6　星野新監督ならいいのか！

阪神タイガース（以下、阪神）・野村克也監督の辞任劇は、巨額の脱税容疑にからんでいるだけに「お家騒動」では済まされない。脱税容疑で逮捕されたのは、妻の沙知代さんだけで野村前監督は立件を免れた。そのこともあってか、辞任表明の記者会見(二〇〇一年一二月六日)で野村前監督は、「こういう状況では来季指揮をとるわけにはいかない」と、脱税事件についての責任には一切触れなかった。

しかし、阪神との監督契約をはじめとした金銭的なやりとりは、野村前監督が直接行なっており、そうしたカネも脱税容疑の一部に含まれているといわれる。立件されなかったとはいえ、野村前監督がまったく無関係だったとはいえまい。「こういう状況では」というあいまいな言い方ではなく、「自分にも責任がある」と辞任理由を明確にすべきだった。

大阪にあるスポーツ紙の幹部は、野村前監督について厳しく批判する。

「常識的にいって阪神球団にまで調査が入った時点で野村前監督は道義上の責任を感じるべきです。ところが自分には関係ない、という態度を取り続けた。野村前監督というのは、道義を重んじない人物なんですね」

今シーズンを振り返ると、野村前監督をめぐって阪神は激動した。野村前監督体制になってから二年連続最下位に終わった。そして、迎えた今シーズン、最下位に低迷し続けている状態の七月、『大阪スポーツ・ニッポン』(以下、『大阪スポニチ』)が阪神を批判する記事を二〇回にわたって連載した。三年目も最下位に終わる可能性は高く、その責任は野村前監督にあり退陣を求める、というのが連載の論調だった。

名将といわれ、三顧の礼で阪神に迎えられた野村前監督だったがチームづくりに失敗し、「不言実行もはなはだしく指揮官として不適格だ」「選手をくさらせ、やる気をなくさせて名将といえるのか」「自分の息子を贔屓して起用するのはおかしい」などなど、阪神担当記者から厳しい批判を受けるようになった。『大阪スポニチ』の連載記事は、まさにそうした批判の集大成であった。

連載記事に怒った阪神は、同紙の取材を拒否する強硬手段をとった。そして八月二日、突如として阪神の久万俊二郎オーナーが野村監督の来季続投を表明した。その表明にファンなら誰しも異常さを感じたはずだ。おそらく、久万オーナーは、〝野村監督批判〟を封殺する狙いがあったのだろう。しかし、久万オーナーの野村監督続投表明は裏目に出た、と『大阪スポニチ』の幹部は、断定する。

「記事の連載が始まった後に阪神は巨人に三連勝するなど七連勝した。それで中央突破できると錯覚し、大きな判断誤りを犯し野村監督続投を決めてしまった。久万オーナーは、なにがなんでも野村だ、という狂信的なところもありましたから。しかし、チーム状態からいって七連勝は一時的なものですぐに落ちることはわかっていました。結局、野村監督続投表明が久万オーナーにとって最後まで手枷足枷になってしまった」

沙知代さんの脱税疑惑が深まり、阪神の選手に対してまで調査の手が伸びる事態になっても久万オーナーは、野村監督の続投をいい続け、球団としてけじめをつけるべき機会を失ってしまった。そのあげくに、沙知代さんが逮捕されてもなお久万オーナーは、辞任を求めるどころか野村前監督と話し合って決めるという優柔不断さをさらけだした。

久万オーナーは、自らの責任を不問に付し、知名度の高い星野仙一氏(前ドラゴンズ監督)を来季監督に招くことでファンの厳しい批判をかわす魂胆だ。「これほど悩んだことはない」といいながらも、星野氏もやる気十分と見受けられた。しかし、選手に鉄拳を振るう星野氏の右翼的な体質は指導者として問題だし、所詮、星野氏招聘は、その場限りの弥縫策でしかない。チーム再建などとうていおぼつくまい。ここまできたら球団の人心を一新し、長期的展望にたって若い世代の監督(たとえば岡田彰布二軍監督など)中心の思い切った再建策を講じるべきだ。

7 日テレに割り当てられた「球宴」組織票

イチロー人気の煽りをくって、日本のプロ野球オールスター戦のファン投票が霞んでしまった感さえある。なにしろ、イチロー選手は驚嘆すべき人気を獲得している。大リーグ・オールスター戦のファン投票で、中間結果(二〇〇一年六月一八日)とはいえ、イチロー選手が一一五万一〇五一票を得て、アメリカン・リーグの外野手部門どころかリーグ全体の首位というのだから驚くばかりだ。

大リーグのファン投票は、二〇〇一年から海外のファン獲得を狙って日本など五カ国・地域でも実施している。日本では五〇〇万枚の投票用紙がコンビニエンスストアに置かれている。だから、イチロー選手の得票には日本のファン票が含まれている。それにしても、ベースボールを愛し、理解し、厳しい批評眼を持つ大リーグファンから圧倒的に支持されるのは、イチロー選手にとって最高の喜びであろう。

イチロー選手へのファン投票が話題を独占するなかで日本のオールスター戦ファン投票は、ほとんど注目されていない。日本でのファン投票は、各球団に五八万枚の投票用はがきが配られ、予備を入れると総計七〇〇万票になる。さらにインターネットに加えて、二〇〇一年から携帯電話でも投票できる仕組みとなっている。

六月一八日現在の投票数は、はがき二七万二八九三票、インターネット一五万五四四八票、携帯電話一一万八五八七票。投票は七月一日で締め切られる。

ただ日本では、ファン投票とは名ばかりで球団のまとめる組織票で決まるケースが多い。つまり、球団の親会社が関連する組織を動員して集票するため、組織動員力のある親会社を持つ球団ほど有利なのだ。たとえば、日本ハムファイターズは、確実な組織票集めで自チームの選手を押し上げることで定評がある。

超人気球団といわれてきた巨人は、スター選手を多く抱えているおかげでこれまで苦労しなくても票を集めてきた。しかし、今年は、日本テレビの巨人戦中継の視聴率下落に象徴されるように、ファンの巨人離れが急速に進んでおり、球団も票集めに必死だという。

日本テレビ関係者は、こう話す。

「巨人戦の視聴率は下がるばかりで、もう末期症状といってもいい深刻な事態になっています。それだけにオールスター戦のファン投票について局にも一万五〇〇〇票が割り当てられ、投票するよう指令が出されています。とくに松井秀喜選手に重点的に投票しろ、といわれています。こういう指令が出されるというのはかつてなかったことです」

松井選手は、実績、人気両面から選ばれて当然である。実際に六月一八日現在の投票数で松井選手は、両リーグ合わせて一位(一七万二八四八票)になっている。その松井選手の票を重点的に集めろ、という特別指令をわざわざ出す裏に、大リーグ志向がある松井選手を慰留する狙いがあるのは見え見えだ。そうしたやりかたで最高得票を得たにしても松井選手は喜べないだろう。

人気下落といっても巨人が人気球団であることにかわりはない。どうしても巨人の選手に票が集中し、ほとんどのポジションを占めてしまう。そのこともオールスター戦の興味を減ずる要因になっている。

各球団が割り当てられた票を自チームの選手だけを対象にして票を集めるというやりかたでは、選ばれた選手も誇りを持てないし、ファンも満足できない。実際にオールスター戦の人気は、低迷しつづけている。

真に「夢の球宴」を実現するには、冠スポンサーをはずし実力最高の選手たちによって一ゲームだけ行なわれるようにすべきである。リーグの枠を超えて選手の実力を知るには、パ・リーグ球団から要望が出されているにもかかわらずセ・リーグが拒否している両リーグの交流ゲームを実現するしかない。交流ゲームを観ることによって、視野を広げ、批評眼を磨いたファンが選手を選んでこそ、オールスター戦は権威のあるゲームになる。

8　野茂のノーヒットノーランを支える人

イチロー選手や新庄剛志選手に話題を独占され、あまり注目されていなかった野茂英雄投手（ボストン・レッドソックス）が二〇〇一年四月四日（現地時間）、対オリオールズ戦で二度目のノーヒットノーランを達成し、健在ぶりを強烈にアピールした。二度のノーヒットノーランという記録は、大リーグ史上四人目。「殿堂入りに値する快挙だ」との声もあがっているらしい。

野茂投手は、一九九五年にドジャースに入り、大リーグに「トルネード旋風」を巻き起こし、翌九六年九月一七日の対ロッキーズ戦で一度目のノーヒットノーランを達成している。九八年のシーズン中にメッツへ移籍した後、ブルワーズ、タイガース、レッドソックスと毎年球団を変えるなかで、野茂投手は、「もう一度ワールドシリーズで投げたい」という意欲を持ち続けていたという。そうした高い目標に挑戦し続ける野茂投手の姿勢が、快挙を生み出す原動力になったと言えよう。とにかく野茂投手のコンディションづくりに対する意識の高さは特筆すべきだ。

野茂投手のコンディションづくりを支えているのは、市川繁之氏である。市川氏は、アジアで唯一人の国際ＰＮＦ協会認定インストラクターで、日本ＰＮＦ協会会長でもある。ＰＮＦは、身体障害、脳性麻痺障害患者などの神経や筋肉機能回復のためにリハビリテーションとして行なわれる運動療法で、スポーツ選手のトレーニング、コンディショニングなどにも有効であるとされる。

野茂投手は、大リーグ入りするために近鉄バファローズ時代に壊した肩を治す必要があり、市川氏を頼った。それ以後、大リーグ入りを果たした野茂投手は、シーズン終了と同時に帰国し、オフの間、市川氏のところに通いコンディションづくりを行なってきた。また、市川氏もアメリカのキャンプ地まで出かけて野茂投手のコンディショニングを行なうこともあった。トレーニング、コンディショニングに関してすべてをまかせられる市川氏は、野茂投手にとって欠かせない存在なのだ。

野茂投手と同様に市川氏を頼りにしているのが、巨人の松井秀喜選手だ。九四年、長嶋茂雄監督の要請で実質的にゼネラル・マネジャー役を引き受けた河田弘道氏が、市川氏を巨人専属のコンディショニング・アドバイザーとして招いた。それがきっかけで、松井選手は市川氏のPNF運動療法を受けることになった。その療法に全幅の信頼を置く松井選手は、九八年に市川氏が巨人専属を辞してからも今日にいたるまで、個人的に市川氏のところに通い続けている。

巨人専属時代の市川氏の業績について河田氏は、こう評価する。

「野球というスポーツで市川さんのPNF運動療法は、スポーツ医科学の観点から非常に効果がありました。トレーニング、コンディショニング、故障の予防などいろいろな面で大いに役立ちました。とくに投手陣は、バランスが良くなりました。市川さんは、投手の特質をうまく引き出してくれる。弱い部分を補強し、強い部分とのバランスをとる、というやりかたです。桑田、川口をはじめ投手陣の九九％がお世話になりました。市川さんを全面的に頼って成績をあげた代表が松井選手です。市川さんが去ったあと投手陣に故障が多発しているのは偶然ではないと思います」

市川氏とのかかわり方を見れば分かるように野茂投手にしろ松井選手にしろ、自分のコンディショニングについて高い意識を持っている。そうした意識の持ちようが一流選手であることの証しとも言えよう。

野茂投手、松井選手などを代表としてスポーツ分野でもＰＮＦの実績をあげている市川氏にとって、もっとも気懸かりなのは、正規の資格もなくＰＮＦと称していい加減な療法を行なっている人たちがいることだ。その人たちによって選手の故障が治るどころかより進行してしまう例は、数多い。ＰＮＦというだけで飛びつくのではなく、正しいものかどうか日本ＰＮＦ協会に確認することを選手に強く望みたい。

9　パ・リーグはアジア・リーグにしよう

毎年のこととはいえ、二〇〇一年のプロ野球キャンプの報道は、薄っぺらな内容ばかりであまりに能がなさ過ぎる。宮崎の巨人キャンプで異常なほど多くの報道陣が、ぞろぞろ長嶋茂雄監督の後ろにくっついて歩いている映像などは、その典型と言える。「長嶋監督の映像だけでも意味がある」

というのが民放関係者の感覚らしく、報道の中身など最初から考えてはいないのだ。

監督へのインタビューを見ていて思うのは、チーム編成の責任がすべて監督にあると勘違いしているということだ。言うまでもなく、その責任を負っているのは、球団フロントである。フロントの責任においてチーム編成を構想し、必要な戦力を確保する。

監督の役割は、フロントから与えられた戦力を最大限活かすために現場を指揮するということだ。したがって、どのようなチーム編成を考え、それに見合った戦力を確保できたかどうかといった最重要なポイントを突くなら、監督ではなくフロントの編成担当者たちにインタビューすべきなのだ。それにもかかわらず、フロント関係者に対するインタビューには、ついぞお目にかかったことがない。

メディアの勘違いによって、フロントの責任はチーム成績がいくら悪くても問われず、すべての責任を負わされるのは監督ということになってしまう。

ほとんどの監督は、文句も言わずに損な役割に甘んじている。全責任を押しつけられてはたまらない、とフロントにねじこんでチーム編成責任者を変えさせた阪神タイガースの野村克也監督などは例外中の例外だ。

フロントに対してそれだけの影響力を持つだけあって、野村監督の発言には迫力と説得力がある。テレビ朝日系のニュースステーションで評論家・落合博満氏のインタビューに答えて、野村監督は日本のプロ球界の先行きについて、大胆な発言をした。

「大リーグの傘下に入るか、アジア・リーグをつくるか、そういうことを考える必要があると思う」

巨人一人勝ちの構造が続けば、日本のプロ球界の危機的状況は、ますます進行する。たとえば、魅力の失せていく日本のプロ球界に見切りを付けて大リーグを目指す選手が増えている。その点に関して野村監督は、先のインタビューのなかで、こうも指摘した。

「新庄剛志（阪神タイガースから大リーグ・メッツに入団）が試金石になると思います。新庄が通用するようなら、われもわれもと大リーグ入りを目指す選手が出てくるでしょう」

大リーグの方に顔を向けている若い選手たちの増加は、日本だけでなく韓国や台湾などでも程度の差はあれ同様の傾向にあるように思う。

私見だが、大リーグに飲み込まれるのではなく、アジア地域で新しいリーグを作るべきだ。これまで日本の球団は、自己利益だけを追い求め一方的に韓国や台湾から有力な選手を引き抜いてきた。その結果、韓国などではプロ野球人気に陰りが出てきていると聞く。

これからは、自己利益追求から共生へと発想を転換し、日本のプロ球界が率先してアジアでの野球の普及・振興を目指すべきではないだろうか。

具体的に言えば、人気凋落で巨人の人気にすがる（一リーグ制）しか生き延びられないと思いこんでいるパ・リーグが、アジア・リーグ構築の主導権を握ればいい。

実際、ダイエーが福岡に球団の本拠地を置くことを決めた際に、アジアを視野に入れた構想を持っていた。つまり、福岡を韓国、台湾、中国などとの野球交流の拠点にしようということだ。

これまで日本のスポーツ界全体が欧米にばかり顔をむけ、アジアを無視してきたために、アジアで孤立状態になっている。日本のプロ野球球界が呼びかけてアジア・リーグを実現していくことは、アジア地域での相互理解を深め共生の道を切り開くうえで大いに貢献することになろう。

6章

相撲協会の古い体質

1　小泉首相の感動談話が隠す相撲協会の問題

二〇〇一年五月二七日の大相撲夏場所千秋楽は、貴乃花、武蔵丸両横綱による優勝決定戦にもつれ込んだ。両横綱が万全の体調であれば最高に盛り上がったであろう。しかし、貴乃花は右膝を故障しており、まともな取り組みができる状態ではなかった。その貴乃花が左上手投げで武蔵丸を破り優勝した。

この取り組みには、大きな疑問が残った。本割りで貴乃花は、もろくも武蔵丸のつきおとしで土俵にはった。貴乃花の状態から、優勝決定戦にふさわしい力のこもった相撲が取れないのは明らかであった。それにもかかわらず貴乃花は、土俵にのぼった。テレビ中継していたＮＨＫの解説者も「武蔵丸は取りにくいでしょうね」と言っていたが、明らかに武蔵丸は戦意を喪失していた。思い切った相撲で貴乃花の故障をさらに大きくしてしまえば非難を浴びることになるかもしれない、との思いがあったに違いない。戦意をなくし力の抜けた武蔵丸があっけなく敗れるのも当然であったといえよう。

「思いっきり行けねえじゃん。負けは負けだね」と、武蔵丸は、自分の思いを正直に明かした。思いっきり相撲が取れないような優勝決定戦を黙認したことについて日本相撲協会(以下、相撲協会)は、大いに反省すべきであろう。ところが、時津風理事長は、反省どころか貴乃花の勝利にただただ感激したらしい。

「(貴乃花と)同じ世界に住んでいることを誇りに思いますよ。人間って、思いもよらぬ可能性を秘めていることを示してくれました」(五月二八日付『日刊スポーツ』)

そのほか貴乃花の勝利を「快挙だ」と絶賛し、感動した親方衆もかなりいた。また、横綱審議委員になったばかりの内館牧子さん(脚本家)も、こう感想を話している。

大相撲の取り組み

「武蔵丸も取りにくい部

分はあったと思う。だが、勝った瞬間の貴乃花の表情を見たならこれがどれほどの大一番であったかわかるはずだ。とやかく言う人は一人としているまい。私たちは素晴らしい横綱と同時代を生きている」（同日付『日刊スポーツ』）

「感動」の締めくくりは、土俵にあがって貴乃花に内閣総理大臣杯を授与した小泉純一郎首相の言葉。「痛みに耐えてよく頑張った。感動した」だった。こうして貴乃花の優勝は、感動あふれる美談に仕上げられた。

時津風理事長をはじめ、親方衆が本質的な問題に目を向けずに美談でことを済ませてしまっているところに、相撲協会の弱い体質が表れている。また、貴乃花の表情にだけこだわり、「武蔵丸も取りにくい部分はあった」という点を追及しない内館さんにも、横綱審議委員としての立場から問題があろう。

一方、一般紙には問題点を突いた報道も見受けられた。『朝日新聞』（五月二八日付）の根岸敦生記者は、「負傷者への対応検討を」の見出しの記事でこう記している。「技量、力量の差があるのは仕方ないが、コンディションが極端に違う者同士が戦うのが妥当とは思えない。（中略）貴乃花が、感動を与えたことは、否定しない。だが、手負い相手ではまともには戦いにくい。ましてや力士は協会の一番の財産。重大な故障を負う事態を招いていたら……」

そして、負傷者の取り組みについて「勝負の棚上げ」とか「出場の差し止め」などの措置をとる制度を検討するよう提言している。

相撲協会関係者は、この提言を真摯に受け止めるべきだ。いまや大相撲人気は、明らかに下落してきている。その原因はいろいろあるが、総体的に力量・技量の低下で番付がころころ入れ替わるのに加えて、相次ぐ故障者で取り組みに迫力が乏しくなっていることもあげられよう。

相撲という格闘技に故障はつきものであり、その故障を少なくし、力士が万全のコンディションで取り組める環境づくりに相撲協会は全力を投入すべきである。具体的な対策として、調整に必要な時間づくりのために巡業を含めて六場所制も見直し、縮小するなど思い切った改革の必要性があらためて浮かび上がった。

2　大相撲八百長報道に新聞が消極的な理由

大相撲の人気低迷が続いている。二〇〇〇年の初場所、日本相撲協会は、空きの目立つ升席を埋めようと初めて広告を打ったほどだった。そのような苦しい状態に追い打ちをかけるように元小結・板井圭介氏が八百長を告発し、相撲協会を根幹から揺さぶった。この告発によって大相撲が大きくイメージダウンしたことは間違いない。

今回の八百長告発が予想外の反響を巻き起こしたのは、板井氏が外国特派員協会で二度も講演したことによる。なぜ板井氏は、運動記者クラブではなく外国特派員協会を選んだのか。『週刊現代』二月二六日号の誌面で板井氏は、こう述べている。

「一番の問題は、日本の大新聞・テレビが八百長の問題を積極的に取り上げようとしないことなんです。私が外国特派員協会で講演したのは、外国メディアのほうが、予断なく八百長について取り上げてくれると思ったからです」

板井氏の狙いは見事に当たった。国技であると称して権威を振りかざす大相撲で実は八百長が行なわれていた、という告発に外国人記者たちは飛びつき大々的に報道した。

それと対照的に日本のメディアは、外国特派員協会での様子や海外メディアでの報道を取り上げるという消極的な報道しかしなかった。

周知のように大相撲の八百長問題は、今回ばかりでなく過去にも週刊誌が執拗に告発し続けた経緯がある。その際にも新聞・テレビは、一切取り上げなかった。長年相撲担当記者を経験した新聞の関係者に話を聞いてみると、新聞社にしろテレビ局にしろ相撲協会との間にいろいろなしがらみがあり、八百長の疑いがあっても追及しづらい、という。

しがらみのさいたるものは巡業やイベントに多くのメディアが主催や共催というかたちで深く関わっていることである。また、年間六場所の興行にべったり張り付くなかで批判めいたことを書くと取材しにくくなるという不安からどうしても自己規制してしまう、ともいう。

過去、八百長の疑いがあるとして噂されたのは、横綱をはじめ番付上位のものまで錚々たる顔ぶれがそろっている。なにしろ取り組みの八割が八百長、とまで言われた時期があった。そのなかには、巡業先へ八百長のために一〇〇〇万円持っていったがそれでも足りなかった、と噂された横綱もいる。また、国民栄誉賞を受賞した横綱、千代の富士（現、九重親方）もつねに疑惑がかけられ、そのために、いまだに理事になれない、という見方もある。

相撲協会は八百長疑惑を払拭しようと無気力相撲に対して厳しく処分をすることを決めたりもした。その効果があって若手力士の多くは真剣な取り組みをしており、八百長の疑いも少なくなってきている、という。板井氏の告発に対して力士会が「反論すべきである」と意思表示をしたことも新しい動きとみてよかろう。

相撲協会も二〇〇〇年二月初旬、審判部長に前理事長の境川親方（元、横綱佐田の山）を起用するという異例の人事（理事長経験者を審判部長にした例はない）を行なった。境川親方は、現役時代、八百長に手を染めていなかったと言われ、八百長疑惑解消の切り札として起用されたのであろう。

だが、この人事だけで長年の間に染みついてきている八百長疑惑を払拭するのは難しいのではなかろうか。やはり、相撲協会の外からメディアが監視し、疑惑に対して追及していくことが必要であろう。そのためには運動記者クラブの改革が強く求められる。

官庁や経済団体などの記者クラブは、排他的であるとか権力と癒着しているなど厳しい批判を浴び、ようやく、改革を目指して動き出している。しかし、運動記者クラブでは、改革への動きが見られないばかりか、むしろ権力への癒着を強める傾向にある。

相撲協会はもとより各競技団体やＪＯＣ（日本オリンピック委員会）などスポーツ組織の不正や

悪を監視し批判する機能を果たせないのであれば記者クラブの存在意義はまったくない。

3　北の湖新理事長とお茶屋制度

日本相撲協会は二〇〇二年二月一日、理事会を開き、北の湖親方（元横綱・北の湖、四八歳）を新理事長に選出した。四〇歳代の新理事長ということで、その若返り効果に期待を寄せる声が多い。しかし、人気の下落で角界は厳しい状況に追い込まれており、北の湖新理事長が取り組まなければならない難問は山積している。

相撲の人気が落ちた原因は、いろいろあるだろう。一時期、兄弟横綱「若・貴」人気で盛り上がったものの若乃花の引退とともに、その人気もしぼんでしまった。それ以降、名実ともに横綱にふさわしい力士が出てこないばかりでなく、大関陣もめまぐるしく入れ替わる状態で人気下落に拍車がかかった。また、八百長疑惑のダーティーなイメージが払拭されず、人気を陰らせる原因になっている。

さらに、年寄名跡取得をめぐる脱税事件の発覚で、角界の不透明さが暴かれ、世間から批判を浴びた。境川元理事長（元横綱・佐田の山）のとき、年寄名跡を協会管理とする改革案を打ち出したものの親方衆の反発で葬られてしまった。

要するに人気下落の根元には、改革をよしとしない角界の古い体質があるということだ。角界以外の人材を登用せず親方だけで運営するのが協会の一貫した方針である。〝相撲を理解するものだけで運営する〟のは、伝統を守るうえで有効であったといえよう。しかし、一方では、身内だけで古い体質を温存してきたことがさまざまな膿を溜めてしまう原因になったのも明らかだ。

角界に詳しいスポーツ紙の幹部は、北の湖新理事長が古い体質にどれだけメスを入れられるかに注目している、と次のように注文を付ける。

「改革すべき最大の課題は、お茶屋制度です。お茶屋が升席の権利をもっているから入場料金も高くなり、一般のファンを遠のかす原因になっている。本気で人気回復を考えるのなら升席をオープンにしてファンにもっと安く提供すべきです。しかし、協会の大物幹部がお茶屋の大店の養子になっていることでメスが振るえないままになっているんです。新理事長は、なんとしてもそこにメスを入れるべきです」

東京で開かれる場所を例に挙げると、二〇軒のお茶屋（一番から二〇番まで格付けされている）が、割り振られた升席など約一万席の指定席を売っている。これらの指定席は、一般には販売されず、お茶屋にゆかりのある人や企業などに闇から闇に売りさばかれている。升席の前から一〇列目ぐらいのA、B席は、企業が買い占めるなどしていわば「ボックスシート」になっており埋まる。しかし、後ろの升席・C席は売れ残りが目立つ状態だ。お茶屋は、升席の入場料に加えて弁当や飲み物をセットにすることで数万円の料金を取り、利益を上げているのだ。

協会は二〇〇二年の五月場所から、一般のファンが買える二階席の一部の入場券を六二〇〇円から四九〇〇円に値下げした。「六一年ぶりの値下げ」と協会はアピールしているが、その程度でファンサービスというのはおこがましい。やはり、お茶屋制度をなくし、飲み物や食べ物抜きの料金で升席を一般ファンに開放すべきである。北の湖新理事長がお茶屋改革に取り組むかどうかで評価も変わるであろう。

ファンサービスとともに取り組むべき課題は、力士の質的向上であろう。一〇〇〇人近くいた力士がいまや七〇〇人にまで減少し、今後も減り続けるものと見られている。力士の総数の減少は、当然、幕内（四〇人）や十両（二六人）の質の低下にもつながる。

初場所で優勝を果たした大関・栃東の正攻法の取り口は、相撲の魅力を改めて印象づけた。

「ここまで落ちたら八百長のダーティーなイメージを吹き飛ばす栃東のような相撲を多くみせるところから這い上がっていくしかないでしょう」（前出のスポーツ紙幹部）

北の湖新理事長がどのような舵取りをするのか見守りたい。

7章 スポーツ界の暴力・セクハラ体質

1　大学の体育会を解体しよう

Ｊリーグ・ヴィッセル神戸は二〇〇〇年七月一九日、川勝良一監督（四二歳）の選手への暴力行為について罰金一〇万円と厳重注意の処分を科した。七月一二日の試合で川勝監督が一部選手に鉄拳制裁を加えたことに大半の選手が反発し監督退陣を含めた決議をクラブ側に提出していた。選手会が川勝監督の退陣まで要求する強硬な抗議姿勢をとったのは、暴力を許さないという確固たる信念を持っていたからだ。ところがクラブ側は、当初、「暴力行為」を認めず、「過度の指導」という表現でごまかそうとした。これに対して選手会がより反発を強めたことからクラブ側は、「過度の指導」を「暴力的行為」に訂正して処分を下した。

中学・高校・大学はもとよりプロスポーツにいたるまで指導者による暴力行為は、日常茶飯のことになっている。そして、その暴力は、ほとんどの場合、「愛のムチ」といった言い方で粉飾され、問題にされないままで済まされてきた。

なぜ、日本では暴力を振るう指導者が広く跋扈(ばっこ)しているのか。指導者個人の資質というだけでなく、指導者を作り出すシステムや構造に根源的な問題がある。大学の体育会が諸悪の根源と言っても過言ではなかろう。大学の体育会を厳しく批判しつづけていたのは、スポーツ評論家として活躍された故川本信正さんであった。川本さんの体育会批判の要点は次のようなことだった。

「戦後、日本は、軍国主義を否定して民主主義に基づく社会を目指してきたなかで、体育会は、それに逆行して非民主的、保守的な組織になってきた。学生を統率するのにもっとも効率的な軍隊方式をそっくり取り入れたことがもっとも問題である」

体育会運動部では、かつて「四年神様、三年天皇、二年平民、一年奴隷」と言われるような伝統がつくりだされた。そうした表現は使われなくなってきてはいるものの、学年による上下関係はいまだに厳然と存在している。そうしたなかで日常的に指導者が学生に、上級生が下級生に鉄拳制裁を加える。そうした経験を持った学生が大学を卒業しスポーツ・体育の指導者になり、今度は生徒や選手に「体罰」といったかたちの暴力を振るう、という悪循環を生み出す構造になっている。

川本さんは、体育会を否定し、こう提言している。

「真に自由で明るい、知性と友情に満ちた学生スポーツを育てるためには、もはや手段は、一つしかない。スポーツを愛するすべての大学の学生がこぞって体育会をボイコット(退部決行、入部拒否、会費不払い)し、大学当局や先輩を相手とせず、自分たちの手で自主的に民主的にスポーツのグループを結成し、スポーツの解放区として大学のスポーツ施設を占拠することだ」

軍隊方式を取り入れ、ゆがんだ伝統のもとで指導者を生み出してきた体育会を解体し、自主的、民主的な大学スポーツを実現しなければ、暴力指導者の跋扈をくい止められないということだ。

川勝監督の場合も、選手を殴ったことを「暴力」と自覚していないことからみて体育会のゆがんだ伝統を引きずっているように思える。それに対して選手側が明確に暴力反対の意思表示をしたことは、極めて重要な意味を持っている。つまり、自主的、民主的にスポーツに関わりたいという選手たちの感覚が暴力反対の意思表示につながったと考えられるからだ。そして、その意思表示が指導者に染みついた悪しき伝統を突き崩す力にもなりうる。

Jリーグ神戸選手会の暴力に対する抗議行動をプロ野球の選手たちも見習ったらどうか。プロ野球界では、「選手を鍛える」と称して暴力を加える監督が「名監督」だとか「熱血監督」などともてはやされ、暴力が蔓延している。それにもかかわらず選手側から暴力反対の声はあがらない。それどころか選手自身、相手チームばかりか審判にまで暴力を振るう有様だ。暴力がスポーツを退廃させることを肝に銘じるべきである。

2　わいせつ指導者をかばう体操協会

女子体操界で起きた衝撃的な事件が『東京新聞』などの報道によって明るみに出された。

事件の内容は、京都市内にある有名な体操クラブ「京都ジャンピング」のコーチであり、日本体操協会女子競技委員会シドニー対策強化部員の河合稔之氏（四四歳）が、複数の女子選手（高校生）に対して胸を触るなどのわいせつ行為や、椅子で頭部を殴ったり蹴ったりの暴行を加えていたというものである。

報道と体操関係者の話を総合すると河合氏は、前々から同じような行為を繰り返しており、被害を受けた生徒は一〇人以上いるらしい。しかし、指導者である河合氏は絶対的な権力を持っており、みな泣き寝入りしてきた。今回、河合氏のあまりにひどい行為に親が怒り、体操関係者に訴えたことでようやく事件としてとりあげられた。それにしても、選手に肉体的、精神的な深い傷を負わせた河合氏の行為は明らかに犯罪であり、厳しく罰せられるべきである。

一人の選手は、全日本チャンピオンの実績をもっていたが、河合氏のわいせつ行為を受けたことで体操を辞めてしまったという。また、二人の選手は、日常的に殴る蹴るの暴行を受け、精神的なショックから同クラブを辞めざるを得なかった。そのうちの一人は、椅子で頭部や腰を殴られ、病院に担ぎ込まれた。診断した医師は虐待の疑いを持ち、警察に届けることを親に勧めた、という。

傷害事件として警察へ届ければ、事態は変わっていたであろう。なぜ、親は、警察へ訴えなかったのだろうか。親から事情を聞いた体操関係者は、こう話す。

「警察ざたにすれば河合氏からいろいろ嫌がらせとか仕返しをされる恐れがある。そうなると娘が体操を続けられなくなるのではないか、と親は考え、警察へは行けなかったようです」

河合氏は、重大事件を起こしておきながら「事実無根」と言い張り、反省する気はまったくない。そうであるならば、まず、早急に日本体操協会が徹底的に調査して永久追放など厳しい処分を下すべきである。

ところが体操協会の幹部は、「セクハラなどたいしたことではない」という程度で事態の重大さを認識できず、報道関係者から「いい加減に済まされる問題ではない」と言われ、あわてて被害を受けた選手から事情を聴くといった有様だ。しかも、事実を知ったにもかかわらず処分を下さないままでいる。

セクハラのターゲットにされる女子選手

その理由は、河合氏の背後には女子体操を牛耳る体操協会副会長の池田敬子氏が控えているからである。

徳田虎雄会長をはじめ協会役員のなかに池田氏を批判できるものはいない。それほどの権力者である池田氏は、女子競技の人事権（強化委員から審判にいたるまで）を握り、横暴の限りをつくしている。

こんな例がある。国際大会への代表選手選考にからんで、審判に不公正な採点をさせる池田氏の裏工作によって、選ばれて当然の選手がはずされ京都ジャンピングに所属する選手が代表に入った。体操は採点競技であり、公正な採点が行なわれなければ競技として成立しない。その根本原則を破り、不公正な採点をやらせるというのは、もっとも悪質であり重罪である。

こうした池田氏が、京都ジャンピングのオーナーである河合氏の母親と親密な関係にあり、同クラブの顧問として後ろ楯になっているため、体操協会は処分を出せないというわけである。池田氏ばかりでなく体操協会の幹部たちは、権力保持に汲々とし、そのために選手を守るどころか傷つけてさえいる。選手にとって体操協会は暗黒の世界なのである。

今回の事件で選手の親は、泣き寝入りせずに裁判に訴える気持ちを固めているようで、河合氏の犯罪が裁かれることになるであろう。それとともに河合氏をバックアップしてきた体操協会執行部の責任も厳しく追及していく必要がある。会長以下現執行部を総辞職させ、良識やモラルを持った指導者たちによる組織へと改革する絶好の機会である。

3　ＰＬ暴力事件の真の責任者はだれか

ＰＬ学園高校野球部（大阪府富田林市）で起きた暴力事件は、被害を受けた一年生の元部員が

「学校を辞めざるを得なくなった」として二〇〇一年六月一八日、大阪地裁に損害賠償（約一九〇万円）を求めて提訴したことで明るみにでた。その後、別の暴力行為二件も判明し、同野球部の暴力的体質が暴かれた。

訴状などによると、元部員を追いつめた暴力は次のようなものだった。

元部員は、二〇〇〇年入学、野球部に入部した。部のしきたりということで二年生の先輩部員の「付き人」になり、食事の配膳・片付け、洗濯、マッサージなど身の回りの世話をした。その世話に不手際があったり、先輩部員の機嫌を損ねると頭や腹を殴られたり蹴られたりした。その暴力行為は、週に二、三回に及び日常化していた。世話をしている先輩部員にバリカンでモヒカン刈りにされ、上級生たちの笑い物にされたりもした。

提訴後の記者会見で元部員の母親は、こう訴えた。

「上級生による暴力行為は、すべての新入部員に対してあった。そのような状況を見過ごしてきた学校の責任を問いたかった。夏の大会を辞退してほしい」

ＰＬ学園側は、部全体の問題であることを隠蔽し、「当人同士の問題」と日本高等学校野球連盟（以下、高野連）に報告、高野連はそれを鵜呑みにして「夏の大会の出場は可能」とした。しかしＰＬ学園側は二〇〇一年六月二七日、高野連と大阪府高野連の事情聴取に対し、隠していた暴力事件が二件あることを明らかにした。一件は二〇〇〇年六月、二年生部員が上級生にバットで殴られ七針を縫う傷を負った事件。もう一つは、二〇〇一年一月、一年生部員がバットのグリップで頭を殴られ四針縫う傷を負った事件だ。

ＰＬ学園野球部で暴力行為が日常化していることは明らかであり、野球部だけでなく学校の問題として責任を追及されるのは当然だ。学校側はどう考えているのか、とただすと同高総務課の担当者は以下のように答えた。

――提訴をどう受け止めているか。

「賠償請求ということで驚いています。子ども同士のケンカで、本人や親ごさんにもお詫びし、当の部員も処分しています」

――他の二件については。

「高野連への報告義務を怠ったことを重く受け止めています」

――付き人というしきたりが暴力行為の温床になっているのではないか。

「新聞などでは付き人といっていますが、『お世話係』というのは長い伝統のなかでできあがったものです。先輩のお世話をするかわりに先輩は部下を可愛がり、指導する。気にくわないことがあるとケンカになることもあるということでしょう。今年(二〇〇一年)三月にそれまでの小さな寮から一般学生も入る大きな寮に野球部も移り、トラブルはなくなっています」

――夏の大会を辞退すべきでは。

「職員会議でも話し合いましたが、一生懸命な子どもや親のことを考え、高野連の判断を仰ぐことにしました。報告義務を怠ったのは事実ですからどのような判断が下されてもきちっと対処します」

ＰＬ学園側は、「報告義務を怠った」ことだけが問題だと考えており、暴力事件の原因が野球部の体質にあることを認めず、あくまで部員同士のケンカとして済ませる魂胆だった。

二〇〇一年六月二九日、日本高野連は臨時審議会で「六月三〇日の全国高校野球選手権大阪大会の組み合わせ抽選会への参加を差し止める」との仮処分を決定、実質的にＰＬ学園の夏の大会出場が停止となった。しかし、いくら処分を繰り返しても、暴力事件は跡を絶たない。夏の甲子園大会を金科玉条とする勝利至上主義を背景に非科学的な根性論や非民主的な上下関係などで歪められた高校野球のあり方を根本から変えなければ、問題は解決しない。

部活動に蔓延する暴力を一掃することは、廃部にしないかぎり不可能といっても過言ではない。学校経営者、部活担当教諭、監督、部員の保護者、部員など全員に責任がある。

8章 ギャンブルでスポーツ振興？

1　サッカーくじ胴元の杜撰な会計処理

スポーツ競技四団体による補助金・助成金の不正受給が会計検査院の検査で一九九九年七月、明らかになった。具体的には日本ウエイトリフティング協会、日本ライフル射撃協会、日本ソフトテニス連盟、日本カヌー連盟が一九九八年までの三年間に補助金・助成金、約一五六〇万円を不正受給していたというものだ。

ＪＯＣ（日本オリンピック委員会）の関係者の話では、表沙汰になった四団体のほかにも日本陸上競技連盟、全日本柔道連盟など六団体についても会計処理上の問題があったという。競技団体の杜撰（ずさん）な経理については、過去にも何度となく会計検査院にチェックされている。それにもかかわらず、同じような過ちを繰り返すというのは、競技団体が自浄能力を欠く無責任な組織に成り下がったということであろう。ＪＯＣ関係者は、自省をこめてこう話す。

「今回指摘された競技団体の不正な会計処理は、お粗末というしかありません。四団体だけでなく問題のあるところは隠さずにすべて明らかにすべきです。それと同時に補助金の窓口である文部省、助成金の窓口であるスポーツ振興基金とＪＯＣとの癒着関係にもメスを入れる必要がある。たとえば文部省やスポーツ振興基金が視察と称してオリンピックやアジア大会などへ職員を派遣した際にその航空運賃や宿泊費はＪＯＣが負担した。これはまったく筋の通らないことであり、ＪＯＣそのものがこうした不透明さを抱えていることも問題にすべきです」

もともと補助金と助成金については、区別の曖昧さ、窓口側の杜撰なチェックなどの問題があった。とりわけ文部省管轄のスポーツ振興基金は、一九九〇年一二月の設立段階から何のための基金なのか明確なビジョンをまったく示さなかった。

同基金を実現させるために中心になって動いたのは当時の自民党文教委員会の麻生太郎議員だった。当初は、国庫と民間資金合わせて一〇〇〇億円単位の基金によって利子運用する計画であった。しかし、実際は国庫から二五〇億円しか出ず、加えて民間からも約四四億円ぐらいしか集まらないために大幅に縮小されたものになった。助成金は、基金の利子運用益を配分することから金利が低下すれば当然助成金は減額される。実際に九一年度に約一五億円だった助成金は九九年度は約八億六〇〇〇万円にまで減少している。しかもビジョンがないために競技スポーツから生涯スポーツにいたるまでただカネをばらまいているだけだ。

そうした実態から、「基金は文部省の天下り先を増やすために設立されただけのことだ」と批判的に見られたのも当然だった。基金設立を果たしたものの低い評価しかされない結果に対して先にあげた麻生議員は、汚名挽回をはかるため一〇〇〇億円を超えるカネ集めを企んだ。それがヨーロッパで盛んなトトカルチョを真似た「サッカーくじ」である。

共産党をはじめ全国ＰＴＡの会、日弁連など多くの反対があるなか、ほとんど審議もされず数で押し切られ法案は九八年に成立した。

「スポーツ振興くじ」と、わけのわからぬ名称を付けてギャンブルであることを隠蔽しようとしても、サッカーくじがギャンブルであることは間違いない。しかも、スポーツ振興基金と同様、サッカーくじで集めたカネをどのようなスポーツ振興に使うかという肝心のビジョンは、曖昧模糊としている。そのような状態で早々と決められたのはサッカーくじの胴元を、スポーツ振興基金の助成窓口となっている日本体育・学校健康センターにやらせることだった。文部省の権益拡大が狙いだ。

助成金のいい加減なばらまきと会計処理に対するチェックの杜撰さをさらけ出したスポーツ振興基金が今度はギャンブルによる桁違いの額のカネを扱う。不信感は募るばかりである。しかし、拝金主義が浸透しているＪＯＣ・日本体育協会をはじめ各競技団体などは、サッカーくじによる配分の分捕りしか考えていないように見受けられる。

2　ギャンブル頼みのスポーツ振興

文部大臣の諮問機関である「保健体育審議会」の存在について世間では、あまり知られていないのではなかろうか。実は、この審議会の提出する答申によって日本のスポーツ政策が決められているのである。

省庁が再編成されるため、二〇〇〇年八月に提出予定の答申が最後のものとなる。その答申内容のいかんによって将来にわたるスポーツ振興の方向が決まるだけに審議会の責任は重大である。ところが今回の審議会は、スタートから基本的な問題を抱えていた。

審議会には、「スポーツ振興投票特別委員会」と「スポーツ振興に関する特別委員会」とが設けられている。「スポーツ振興投票」とは、文教族のドン、森喜朗新首相が成立に一役かったサッカーくじのことである。したがって前者は、サッカーくじによるアガリをどのように分配するかを、後者は、その分配のための受け皿づくりをそれぞれ審議するもの、と受け取って間違いなかろう。

ギャンブルによるアガリを前提にして、その分配のためにスポーツ振興策を考えるというのは、本末転倒もはなはだしい。

審議会は、三四委員と臨時委員一九人で構成され、両特別委員会を兼ねているものもいる。文部省御用達の大学教授やスポーツ組織幹部が、中心になっているようだ。たとえば、サッカーくじの特別委員会メンバーは、長沼健・日本体育協会副会長、八木祐四郎・ＪＯＣ（日本オリンピック委員会）会長をはじめ国立・私立大学の名誉教授・教授、全国高等学校体育連盟会長、県教育長、日本ＰＴＡ全国協議会の前母親委員長などなど。一方、スポーツ振興に関する特別委員会の方で目に付くのは、委員として柔道の山下泰裕・東海大学教授、臨時委員として川淵三郎・日本プロサッカーリーグ理事長、テニスプレーヤーの伊達公子などなど。もちろんサッカーくじに批判的なメンバーは一人もいない。

サッカーくじ分配の受け皿となるスポーツ振興策について文部省が中心に考えているのは、「生涯スポーツ社会の実現に向けた地域におけるスポーツ環境の整備充実方策」ということらしい。「生涯スポーツ社会」とは、どういう社会かというと「国民の誰もが、それぞれの体力や年齢、技術、興味・目的に応じて、いつでも、どこでも、(いつまでも)スポーツに親しむことができる社会」であり、数値目標として「二〇一〇年までに、成人の週一回以上のスポーツ実施率が二人に一人(五〇%)となること」を目指すという。

これは、すべてヨーロッパ諸国からの受け売りでしかない。必要不可欠な施策の第一に上げている「総合型地域スポーツクラブの全国展開」は、まさにヨーロッパで発展してきたスポーツクラブをそっくり真似ているだけである。文部省は、すでに三年間の期限付きで市や町に補助金を出して総合スポーツクラブづくりをやらせている。はたして成果が出ているのであろうか。あるスポーツ組織の関係者は、こう指摘する。

「補助金が出ている間は、無料だからクラブのメンバーも集まる。しかし、補助金が打ち切られクラブを維持するために有料にするとどんどんやめていく。実際に文部省からの補助金が切れると同時に潰れたクラブもある。結局、一時期はやれても定着させることは難しい」

ヨーロッパで地域のスポーツクラブが発展したのには、社会や気候風土など、さまざまな要因があり、しかも長い時間がかかっている。まったく条件の異なる日本にヨーロッパのスポーツクラブを形だけ輸入しても、そう簡単に定着する訳がない。

一九七二年の答申では、国や地方自治体の取り組むべき課題として日常生活圏における体育・スポーツ施設の整備基準(人口規模に応じた)などを具体的に定めた。これによってスポーツの大衆化は、前進した。サッカーくじを頼みとする安直な考えでは、ろくなスポーツ振興しか実現できまい。

3 あぶく銭に頼るな、スポーツ振興

新ギャンブル「ｔｏｔｏ」(サッカーくじ)が、二〇〇一年三月三日から実施されるやメディアはこぞって「ｔｏｔｏ」を大いに煽り、スポーツ紙にいたっては競馬欄同様の大々的な予想紙面をつくる有様だ。そのうえ一回目で最高額一億円の当選者がでたことで、サッカーに関心のない人までこのギャンブルに興味を持ったに違いない。由々しきことと言うしかない。

「ｔｏｔｏ」は、あくまでギャンブルであって、その売り上げは「あぶく銭」だ。そのあぶく銭を当てにするスポーツ振興など、最初からいい加減なものに決まっている。

「ｔｏｔｏ」に賛成の立場を表明してきた人たちは、どのような見解を持っているのであろうか。

たまたま、『週刊金曜日』で健筆を揮われていた二宮清純氏が「ｔｏｔｏ」の宣伝資料（日本スポーツ振興くじ株式会社発行）に寄稿された文章に出会った。短い文章なので、「ｔｏｔｏ」に望むことが凝縮して書かれている。要点をまとめるとこういうことだ。

「私が望むのは、このくじが日本のスポーツ振興に真の意味で貢献できること」、そして、「真の意味の貢献」の具体的内容として次の点をあげている。「私たちのスポーツライフが豊かになり、それを実感できること。オリンピックで活躍できる選手を育て上げるためにスポーツの裾野を広げること」

二宮氏は「ｔｏｔｏ」に手放しで賛成するのではなく、収益の使い方こそが重要だ、と指摘しているのだ。

この指摘は、二〇〇〇年九月、保健体育審議会（文部大臣〈当時〉の諮問機関）がまとめた「スポーツ振興基本計画」の生涯スポーツ社会の実現、生涯スポーツ・競技スポーツと学校体育・学校スポーツとの連携などの内容とも重なっている。

「スポーツ振興基本計画」が「ｔｏｔｏ」の収益の受け皿づくりのためのものでしかないことは、かつて本欄で指摘した。つまり、「ｔｏｔｏ」が先にありきで、時間をかけ議論を積み重ねた上でまとめられた基本計画ではない。それゆえ、単に目的を羅列しただけの安直な内容になってしまった。

「豊かなスポーツライフ」と「オリンピック選手を育てるための裾野づくり」という二宮氏のス

ポーツ振興に対する考え方も羅列的であって、両者のつながりがみえない。強いてつなげれば、スポーツの土壌を豊かにすること、とでも言えようか。

どのようにしてスポーツの土壌を豊かにするのか。その課題を解決していくために必要なのは、市民がスポーツの主人公になり、豊かなスポーツライフを実現できるような公共的なスポーツ政策だ。そうした公共的な政策を進めていくための財源には、ギャンブルによるあぶく銭ではなく、責任や義務の裏付けを必要とする税金を当てるべきである。あぶく銭に頼るかぎり、カネがばらまかれるだけで真のスポーツ振興にはつながらない。

4　市民切り捨ての国立スポーツ科学センター

「国立スポーツ科学センター」（ＪＩＳＳ）が二〇〇一年八月七日、東京都北区に完成した。総工費約二七四億円を投じた地上七階地下一階（延べ二万七五〇〇平方メートル）の同センターには、陸上競技実験場（一〇〇メートルコース）、水泳プール、各種室内コートをはじめ、科学分析機器や診療所も設置されている。また、科学、医学、情報の三部門にそれぞれ東京大学、筑波大学医学部などの教授が配属されている。

文部省（当時）が同センターの設立を構想したのは、一九八九年のこと。しかし、予算がつかず建設は遅々として進まず、一〇年以上もかけてようやく完成にこぎつけたものだ。

時間と金をかけ、国が同センターを創設した目的はなにか。それは「国際競技力向上のための医科学面でのサポート」。わかりやすくいえば、オリンピックなど世界レベルの大会で日本選手のメダル獲得率を上げるための育成・強化機関だ。

この欄でも取り上げたように、保健体育審議会（文部大臣〈当時〉の諮問機関）が二〇〇〇年八月にまとめた「スポーツ振興基本計画」は、「メダル獲得率のアップ」をうたっている。具体的にいえば、九六年アトランタ・オリンピックで一・七％まで低下した日本のメダル獲得率を三・五％まで上げる、としている。そのための施策の一つに同センターをつなげる考えなのだ。

「メダル獲得率アップ」を基本計画に盛り込むこと自体、勝利至上主義や国家主義を煽る危険性があり問題にしなければならない。まして、「メダル獲得率アップ」のためだけに同センターを機能させるのは、とんでもないことだ。

メダル獲得のための育成・強化の対象となる選手は、約二〇〇〇人といわれる。わずかそれだけの選手を対象にし、その他のあらゆるスポーツ活動に関わる圧倒的多数の市民を切り捨てるのはどうにも納得がいかない。これは、まさにスポーツにおける弱者切り捨ての不公平、不公正な国の論理を象徴している。

また、日本のスポーツの構造的問題としてエリート・スポーツと市民スポーツとの乖離、分極化が指摘され続けているが、その問題に拍車をかけることになる。

同センターでは、「生涯スポーツ」を含めるとセンターの性格がぼやけてしまうので的をしぼった、ということらしい。しかし、国立のセンターであれば、エリートから一般市民までを対象にするのが当然だ。一〇月一日からオープンするので、スポーツ活動にかかわるすべての市民に門戸を開放するよう要求すべきだ。

もう一つの問題は、同センターを管轄するのがサッカーくじの「胴元」を務める日本体育・学校健康センターということだ。なぜ、そうしたのか筋書きは容易に読める。サッカーくじ売り上げの分配金をスポーツ科学センターにスムーズに流すためだ。

サッカーくじの〝ギャンブル資金〟を分配する受け皿づくりとしてまとめられた「スポーツ振興基本計画」で、国際競技力向上策とならぶ重点施策にあげられているのが生涯スポーツの促進である。

具体的な施策として二〇一〇年までに、全国の各市区町村において少なくとも一つは総合型地域スポーツクラブを育成する、としている。その総合型地域スポーツクラブづくりとその運営費などにどれだけの資金がサッカーくじから分配されるのか、額はともかくとして基準さえ定まっていない。

おそらく、各市区町村負担の比重が大きくなるのは間違いない。要するに、生涯スポーツの振興は、各市区町村の責任でやれ、国は、ギャンブル資金をふんだんに使ってトップレベルの選手を育成・強化しメダル獲得に全力をあげる、ということだ。

国立スポーツ科学センターの完成を機に、市民にとっての豊かなスポーツ環境づくりに結びつかない「スポーツ振興基本計画」を根本から見直し、その財源となるサッカーくじの廃止も訴えていく必要がある。

5　売れ行き下落で賭博性を強める「ｔｏｔｏ」

「賭博」を「くじ」とごまかすあざとい手口で大衆の財布からカネを吸い上げる「ｔｏｔｏ」(サッカーくじ)は、最近、売り上げを落としてきている。スタートした当初には、一回の売り上げが最高で約三九億円もあった。ところが最近では、連続して二〇億円を割り、二〇回の売り上げが約一七億円と最高額の半分以下にまで落ちてきた。

その原因として上げられるのは、当せん金の低落だ。「二〇〇円で一億円」というのが「ｔｏｔｏ」のキャッチフレーズだった。しかし、一等当せん一億円はわずか二回（第三、第五回）だけで、それ以後、当せん金が長期低落傾向に陥った。ちなみに、もっとも低い配当は、一等で一万九八円(第一五回)、最近の三回でも約二八万円から四六万円程度である。一億円とはあまりにもかけはなれた配当しかないことから「ｔｏｔｏ」離れの傾向が出てきたということであろう。

あわてたのは、賭博の胴元である「日本体育・学校健康センター」。同センターは、七月の第一ステージ終了時点の売り上げ総額約三九五億円から年間総売り上げ八一二億円を見込んでいた。しかし、その後の売れ行き不振で、その見込みは崩れた。

スポーツ振興の財源となるサッカーくじ

その挽回策として、同センターは、二〇〇一年九月一五日販売開始の第二三回から「投票率の公表」を打ち出した。これまで、同センターは、「くじ」というごまかしへの批判をかわす意味から賭博性を助長する投票率の公表を抑えてきた。それにもかかわらず、売り上げが落ちるや臆面もなく、投票率を公表することにしたのだ。

投票率を公表することがなぜ賭博性を助長するのか。競馬や競輪など公営ギャンブルでレース前に公表される「オッズ」(払い戻し倍率)が馬券や車券の売り上げに大きく影響する。購入者は、オッズを目安にして一攫千金の「大穴」を狙ったり、当たる確率の高い堅実な買い方をしたりするわけである。

「ｔｏｔｏ」での投票率は、オッズとして公表されるわけではないが、それを基本に計算すれば自分の投票した組み合わせの当せん金をはじきだせる。したがって、実質的には、オッズを公表することと変わらない。要するに「ｔｏｔｏ」に競馬や競輪なみの賭博性を持たせて売り上げを増すというのが同センターの狙いなのだ。

はたして、狙い通りになるのか。スポーツ紙では、「かけ方に弾力性が生まれ、思惑買いが増え売り上げ再上昇の切り札になる」というとらえかたがある一方で売り上げは伸びない、という指摘もある。

「投票率が公表されても、飛躍的に『ｔｏｔｏ』の売り上げが伸びるとは思えない。確かに、購入する側にとっては情報が増えたことで買い方の選択肢が増える楽しみはある。しかし、いまだに当初から予測された疑問には答えきれていない。『いつ行なわれるの？　どこで購入できるの？当せんしたら換金できる場所は？』という問題が忘れられている」（九月六日付『日刊スポーツ』）

いずれにしても、肝心なのは同センターが「ｔｏｔｏ」の売り上げ増に必死になる理由を明確に認識することだ。その理由は、同センターの親方である文部科学省の権益拡大のために上納金を一銭でも多くしなければならないからだ。偏向した歴史教科書を認可するなどして国家主義を教育を通して浸透させようとする一方で、あからさまに賭博を推奨してその売り上げのうわまえをはねようというのが文部科学省の本性である。そのような文部科学省が総元締めとして賭博のあがりを当てにして進めるというスポーツ振興策は、どだいいい加減なものでしかあり得ない。

投票率の公表で「ｔｏｔｏ」の賭博性が強まる結果、ますます弊害も増大するだろう。前もって当せん金額がわかれば購入者の心理として勝敗へのこだわりが強烈になるのは避けられない。そのことが、チーム（監督、選手）ばかりではなく審判にまで不必要なプレッシャーを与え、ゲームを荒れさせたり、沈滞させたりして歪めてしまう。この機会にＪリーグにとって弊害をもたらすだけの「ｔｏｔｏ」の廃止を改めて強く訴えたい。

6 サッカーくじ分配金七〇億円に群がる人たち

サッカーくじの〝胴元〟を務める日本体育・学校健康センター（以下、センター）は二〇〇二年四月八日、二〇〇一年度のサッカーくじ売り上げを公表した。それによると、売上金額は六四二億六六七七万円で、スポーツ振興事業（スポーツ団体及び地方公共団体など）に充てる金額（見込み）は約七〇億円という。センターが当初予測した八一二億円の八割にとどまったとはいうものの、これだけ売れたとは驚きだ。Ｊリーグの人気とは関係なくギャンブルに関心を持つ人がそれほど多いということであろう。

センターのスポーツ振興投票部長・田村幸男氏は、自信満々の様子でこう話す。

「いろいろな調査で市場規模は一五〇〇億円から二〇〇〇億円ぐらいあることがわかりました。今年度はもう一度（売上額）八〇〇億円に挑戦し、なるべく早く市場規模にたどりつきたいと考えています」

この欄でも再三取り上げたように、サッカーくじ法の成立過程や以後の経緯を検証すれば、サッカーくじに多くの問題が含まれているのは明らかだ。二〇〇二年から始まる収益金の分配は、具体的なかたちで問題を浮き彫りにすることになるだろう。

センターは、二〇〇二年一月二二日から三月二二日までの期間にサッカーくじによる助成金交付要望書を提出させた。その結果、要望書を提出したのは七六三団体で事業件数は一〇七〇件にものぼった。助成の対象となる事業は、以下のように決められている。①地域スポーツ施設整備②総合型スポーツクラブ活動③地方公共団体のスポーツ団体が行なう将来性を有する選手の発掘及び育成強化⑤スポーツ団体のスポーツ活動⑥我が国における国際競技大会開催。また、助成は二年間にわたって行なうことや、五年間は大きなスポーツ施設づくりには助成しない、などの条件が付けられている。

このように助成対象事業を総花式に挙げているのは、スポーツ振興基本計画(二〇〇〇年九月策定)に基づいているからである。同計画は、サッカーくじ収益分配の受け皿として急遽策定されたもので、内容は従来の施策を言葉を変えて並べただけで、新味に欠けているばかりでなく多くの問題も含んでいる。

もっとも問題なのは、戦後に展開されたさまざまなスポーツ政策の歴史的検証や批判的総括を一切放棄したために、新しい時代に対応する展望が提示できていないことだ。そうした欠陥を持つ同計画を根拠に助成金が総花式に分配されるわけだ。

助成要望を提出したなかにはサッカー・ワールドカップ運営費に充てるとするＪＡＷＯＣ（日本組織委員会）の三〇億円申請をはじめ、日本体育協会五億八二七万九〇〇〇円、ＪＯＣ（日本オリンピック委員会）一億六四二四万円があり、地方公共団体からも殺到しているという。

センターでは、助成審査委員会による審査を経て六月には分配を決めるとしている。二〇人で構成された審査委員会の顔ぶれのなかには首をかしげたくなる人も加わっている。たとえば上坂冬子氏（作家・評論家）がなぜ委員長に据えられているのか理解できない。助成金を要望している日本体育協会の安西孝之会長やＪＯＣの竹田恒和会長が加わっているのも審査の公正さに疑問を抱かせる。いずれにしても、文部科学省の眼鏡にかなったメンバー構成だけに同省の影響は免れまい。

どのような審査を経て、どのような分配になるのか見当もつかないが、確かなのは助成金のバラマキになるということだ。センターでは、従来のスポーツ振興基金（約三〇〇億円の基金の利子運用）の助成対象は個人、サッカーくじの助成対象は団体という考え方をしている。そうした助成金バラマキ制度を通してスポーツ界に対する影響力を強化し誘導していく、というのが文部科学省の狙いであろう。しかし、理念や理想を欠いた杜撰な基本計画に基づいているかぎり、いくらカネをばらまいたところで真のスポーツ振興は実現できない。

9章

プロ野球労組の健闘

1　オーナー権限剥奪にあたる渡邉発言

労働組合・日本プロ野球選手会（古田敦也会長、以下労組・選手会）が要求し続けてきた契約更改への代理人の出席について、球団側は二〇〇〇年一一月二日のオーナー会議でようやく「今季のオフに限る」「一人の代理人（日本弁護士連合会所属の日本人弁護士）は一人の選手しか扱えない」などの条件付きで認める決定をした。

代理人制を当然の権利とする労組・選手会の要求に対し、「代理人を認めない」という旧態依然の考えがもはや通用しないことをオーナーたちも認識せざるを得なかったのであろう。ただ、オーナー会議では、巨人の渡邉恒雄オーナーが「制度としてはまだ認めない」と抵抗して条件付きの修正案を出し、それを押し通すかたちになったようだ。

そうした経緯もあってか、オーナー会議終了後、渡邉オーナーは報道陣に対して本心をさらけだして、とんでもない暴言を吐いた。

「巨人にはくだらない代理人を連れてくるやつはいないだろう。連れてきたら、おれが球団代表に給料をカットしろ、と言う」

これまでにも渡邉オーナーは、傲岸不遜な言動を繰り返してきたが、今回の発言は暴言というだけで済まされるものではない。

二〇〇〇年一一月八日、衆議院労働委員会で大森猛議員（共産党）は、渡邉オーナーの発言を取り上げ、「選手を恫喝する不当労働行為の意思を表明している。労使間のルールをほごにした労働組合法の禁止行為にあたる」として労働省と吉川芳男労働大臣に見解を求めた。

これに対して労働省の澤田陽太郎労政局長は、「労使間で合意された事項は、民法上の契約であり、当事者は履行義務をもつ。一方的にその履行を行なわないという趣旨であれば、穏当な発言ではない」と答えるに止まった。

「穏当な発言ではない」というだけでは済まされない。渡邉氏がプロ野球球団オーナーとしての資質に欠けている点を徹底的に追及すべきであろう。米大リーグでは、渡邉オーナーと同じ趣旨の発言をしたヤンキースのオーナーが、コミッショナーによって二年間オーナー権限を剥奪された実例があると聞く。渡邉オーナーの発言は、まさにオーナー権限剥奪に相当すると言って過言ではない。

労組・選手会の松原徹事務局長は、怒りを隠さない。

「ジャイアンツ球場（川崎市）に行ってきたんですが、渡邉オーナーの発言に、選手たちは萎縮してしまっています。影響は大きいです。渡邉発言に対して、本来ならコミッショナーが何らかの罰則を適用すべきだと思いますが、渡邉オーナーの思い通りに動くコミッショナー体制では、どうにもなりません。世論の動きを見ながら対応していこうと思っています」

オーナー会議では、来季以降について球団側と労組・選手会とで協議機関を作り、話し合うことを決めた。渡邉オーナーは、代理人を年俸をつりあげるだけの悪者と決めつけており、再協議でも代理人制に反対し続けるであろう。労組・選手会は、これまで以上の断固たる姿勢で臨まなければなるまい。

松原事務局長らは手分けして各球団を回り、オーナー会議の決定内容の説明とともに、今季オフの契約更改に代理人を同席させる意義を説得して歩いている。来季以降の協議を有利に進めるためにも、できるかぎり多くの実績をつくることが重要だからだ。

とりわけ渡邉オーナー発言で萎縮してしまった巨人の選手たちの気持ちを解放し、代理人を活用するよう説得する努力が必要だ。労組・選手会の副会長でもある川相昌弘選手が代理人の必要性を説得していると伝えられており、その成果に期待がかかっている。

球団オーナーからコミッショナーにいたるまで、渡邉オーナーに牛耳られているプロ野球界の現状に楔（くさび）を打ち込むには、労組・選手会が結束を固めて対決するとともに世論を喚起していくしかない。

2　画期的なプロ野球労組の提案

「ストライキも辞さない」――労働組合・日本プロ野球選手会がスト権行使の可能性を表明したのは、結成以来初めてのことだ。

なにしろ一九八五年一一月、労組・選手会が結成（「労働組合」として法人登記）された途端に、初代の中畑清会長（当時、巨人選手）が「ストライキはやりません」とスト権を放棄するようなことを言ってしまった。これを聞いて当時、巨人で活躍していた大リーグ出身のクロマティ選手は、手厳しい批判をこめて皮肉った。

「日本の選手たちはやっと組合を作ったが、組合長の中畑は『ストライキは絶対にしない』などと寝ぼけたことを言っていた。ファンに申し訳ないというのだ。ある日本人ライターによれば、選手は『清潔、質素、従順』が第一らしい」（『さらばサムライ野球』クロマティ、ホワイティング共著、講談社）

当然の権利としてスト権を行使する大リーグの労組を体験したクロマティ選手から見れば、労組・選手会の会長が、「ストライキをやらない」などと言うことは、とうてい考えられなかったのであろう。

中畑会長の言葉に象徴されるように結成はされたものの労組・選手会は、選手の権利を要求し獲得することより、「労使協調路線」を強調するきわめて弱腰の姿勢だった。加えて結成早々にヤクルト選手会が労組・選手会を脱退する事態も起き、多難なスタートだった。それから一五年を経るなかで九三年のＦＡ（フリーエージェント）制度導入、九四年の複数年契約などを勝ち取ったものの、代理人交渉制などについての労組・選手会の要求に対して日本野球機構（以下、野球機構）側は、頑なに拒否したばかりでなく、労組・選手会を無視し、一方的に年間試合数を一三〇から一三五に増やしたりしてきた。

さらに野球機構は、二〇〇一年のシーズン試合数を一四〇に増やすことを勝手に決めてしまった。これに対して労組・選手会は、試合数に見合う年俸の底上げなど五項目の要求を出した。しかし、野球機構側は、「セ・リーグの延長戦一五回を一二回に短縮する」「連戦の制限」を認めたものの、その他については継続審議にしてしまった。

二〇〇〇年一二月五日に開いた総会で労組・選手会は、リーグ戦一三〇試合にセ・リーグとパ・リーグ交流試合一二試合を加えた計一四二試合の提案を決め、野球機構に提出した。

古田会長の指摘は、説得力がある。

「対戦カードを一つずつ五試合増やすというのは、意義を感じない。ファンの要望の多い交流試合をするのがいい」

これまで球団の利害得失しか考えず、ファンをないがしろにする野球機構の致命的な弱点を労組・選手会が突いたのだ。ファンの要望を取り込み、交流試合を含めるかたちでの提案は、画期的と言える。しかも、野球機構の対応如何で野球機構が勝手に増やした一試合をボイコットする、という強い姿勢を打ち出した。

野球協約にがんじがらめにされているうえに民主的なルールも無視された選手たちは、野球機構や球団のなすがままになってきた。新聞報道されているように、球団と選手の間で交わされる統一契約書の写しが選手に渡されないなど、信じられないことがまかり通っている。

あまりに非民主的な野球機構や球団のやりかたに対する対抗処置として、スト権を云々するまでに選手たちの権利意識が変わってきたのだ。それとともに労組・選手会も団結力を強め充実してきた。そうした選手たちの意識の変化や団結力の強まりを認識できないがために野球機構や球団関係者は、「ストライキ」と聞いただけであわて驚き、困惑するしかない有様だ。

一四二試合の提案ばかりでなく、肖像権問題をはじめ現行制度の見直しなど重要な要求項目は多く、その実現を目指して労組・選手会は、より団結して闘い続ける必要がある。

3　都労委に救済を申し立てたプロ野球選手会

日米のプロ野球がともに労使間の重大な問題を抱えながら開幕した。

大リーグでは、年俸の高い球団に対する課徴金制度（「ぜいたく税」）などを盛り込んだ新労使協定案を提示した機構側に対して、選手会側は年俸抑制に直結するとして反対し、労使協定を新たに締結しないままだ。ストライキやロックアウトという最悪の事態は避けられたものの労使協定のない異常な状態が続けば、ますます労使間の溝は深まり解決が難しくなると懸念されている。

一方、日本のプロ野球の場合は、労使関係がどうあるべきかという基本的であり初歩的な問題が未解決だ。労働組合・日本プロ野球選手会は二〇〇二年三月二九日、社団法人・日本野球機構（以下、機構）の交渉姿勢を不誠実として東京都地方労働委員会（以下、都労委）に不当労働行為救済を申し立てた。

この申し立てのきっかけとなったのは、機構側が一方的に外国人選手の同時出場枠（投手・野手別）拡大を決めてしまったことだった。機構側は、「外国人選手出場登録枠四人のうち同時出場できるのは投手一人、野手二人の三人」となっていたものを今シーズンから投手・野手どちらでも同時三人出場できるように野球協約を変更した。

労組・選手会側は、一切交渉せず機構側が一方的に決定したことに強く反発した。労組・選手会側は、こう主張する。

「外国人選手が活躍することを否定しているわけではありません。ただ、投手・野手にかぎらず外国人選手の同時出場枠を拡大すれば当然、日本の選手はあふれる。競争社会だから仕方がない、というのが機構側の考えですが、常にＦＡ（フリーエージェント）と同じ自由な契約を認められている外国人選手と日本人選手とでは置かれている環境が違う。あふれたにしても問題のないような環境を整えてから決めるべきです」

労組・選手会は、この外国人選手の出場枠だけを問題にしているのではない。

「外国人選手出場枠の問題は、一つのきっかけです。選手会はこれまでファンにとって魅力のあるプロ野球にすべきだという考えから、セ・パ交流試合をはじめいろいろな提案をしてきましたが、それに対して機構側は極めて不誠実な対応しかしませんでした。これまで耐えてきましたが、過去から現在にいたる機構側の不誠実な交渉態度のすべてを問題として申し立てることにしたわけです」(労組・選手会)

労組・選手会が都労委に不当労働行為救済の申し立てを行なうのは、一九八五年に労働組合として認可されてからはじめて。「労働組合」としての存在を公然たるものにする大きな意義を持っていると言えよう。

予想されたことではあるが、こうした労組・選手会の動きに渡邉恒雄巨人オーナーは即座に猛反発し、「全面対決」の構えをみせた。二〇〇二年三月二一日付『日刊スポーツ』に掲載された渡邉オーナーの発言は、常軌を逸しているとしか言いようがない。

「選手会は本当に労働組合なのか。少なくも一軍のスター選手は労働者じゃない。本当に全選手の意見を代表しているかどうかだ。やるなら法廷闘争だ」

労組・選手会を労働組合として認めないというのは、法律そのものを否定することである。法律を否定しながら「法廷闘争」を叫ぶことの矛盾さえ渡邉オーナーはわかっていない。「自分のいうことが法律」とでも錯覚しているのか。球界を理不尽に引きずり回してきた渡邉オーナーにとって、選手会は、自分に楯突く目障りな存在なのだろう。

「今回の申し立ては、先輩たちがつくりあげてから一六年を経て一二球団すべてを網羅して意思表示のできる唯一の組織が労働組合であることを改めて示すことになるでしょう」(労組・選手会)

労組・選手会の都労委への申し立ては、労使関係のあるべき姿を明確にしていくばかりでなく、球界改革への道を示すものでもあり、極めて大きな意味を持っている。

10章 がんばれ女性たち

1 プロ宣言した高橋尚子選手の多難な前途

有森裕子選手、藤村信子選手に次いで高橋尚子選手（積水化学）が女子マラソンで三人目のプロ選手となった。ただ、有森、藤村両選手が企業から離れたのと異なり、高橋選手の場合は企業に所属しながらプロ活動も行なう。そこで、高橋選手は、「社員プロ第一号」と言われる。

もともとは、三選手とも企業に所属する「企業アマチュア」（以下、企業アマ）であった。この日本独特の企業アマは、海外から「アマチュアリズムに反する」と批判されてきた。

「自らのスポーツ活動で金銭的、物質的利益を得てはならない」、言い方を変えると「スポーツ活動に必要な経済的基礎をスポーツによって得てはならない」というのが、スポーツ・アマチュアリズムである。日本体育協会は、「仕事の余暇にスポーツ活動を行なうものでアマチュアリズムに反しない」と言い張ってきた。しかし、実際、企業アマは、スポーツ活動の対価として企業から給料を受け取っており、明らかにアマチュアリズムに反している。アマチュアリズムで選手を拘束することに批判的な日本バレーボール協会の松平康隆・元会長は、「企業アマというのは偽りで実際は企業プロだ。企業名をゼッケンにつけて競技する選手をアマと言えますか。企業プロであることを率直に認めるべきだ」と強調していた。

高橋選手にしても、マラソンランナーとして活動するために企業に所属しているのだから、「企業アマ」ではなく「企業プロ」だ。しかし、アマチュアリズムに凝り固まった日本陸上競技連盟(以下、日本陸連)は、あくまでも「企業アマ」にこだわり、有森選手がプロ化を表明した際には、「企業を離れなければプロになることを認めない」と強硬な姿勢だった。

日本陸連のかたくなな対応で問題の決着までに一年近くかかり、その間レースにも出られない状態のなかで有森選手は、プロになることへの強い意志を貫いた。

有森選手への対応で批判を浴びたこともあってか日本陸連は、高橋選手のプロ化には、「社員プロ」を認める規約改正までする対応ぶりだった。高橋選手と小出義雄監督、積水化学、日本陸連それぞれに思惑があり、問題をこじらせたくないということで妥協しあった末の産物が「社員プロ」だったと言えよう。

自らの意志でプロの道を拓いた有森選手に影響されて、高橋選手もレースを中心にしながらＣＭへの出演や講演など幅広い活動に意欲を燃やしている。しかし、「社員プロ」ということでのしがらみもいろいろあり、高橋選手が思い通りに活動するのはなかなか難しいのではないか。

たとえば、高橋選手の活動が分野別に管理されることから生じる難しさである。選手活動に関しては積水化学、ＣＭ出演などの商業活動は、スポーツ・マネージメント専門企業のＩＭＧ（本拠はアメリカ）がそれぞれ管理する。

積水化学は、国内レースでの活躍はもとより世界最高記録達成という高い目標に向かって、高橋選手がより充実した選手活動を行なえる環境をつくらなければならない。一方、商業活動を管理するＩＭＧは、高橋選手の収入拡大（自社利益も含めて）を目指してＣＭ出演などの商業活動を積極的に進めるだろう。その結果、商業活動にも時間を取られることになる。的確な調整がなされなければ、商業活動が選手活動を圧迫する事態も起こりうる。

2000年シドニー・オリンピック、女子マラソンで優勝した高橋尚子選手

「ＣＭ出演で億単位の収入が得られる」と、メディアは大きく報じ、小出監督も「子どもたちに夢を与えられる」と発言している。オリンピック優勝の実績に対する評価として収入拡大を図り、スポーツ活動のためのより豊かな経済的基礎につなげることはプロとして当然とも言える。ただ、アマチュアリズムによる束縛から解放

されてプロになったのはいいが、今度は商業主義(カネ)のとりこになり、縛られてしまう恐れもある。

「社員プロ」という新制度が成果を生むかどうかは、高橋選手の今後の活動にすべてかかっている。

2 高橋尚子選手シカゴ辞退の裏にメディアありとの噂

二〇〇一年九月三〇日のベルリン・マラソンで、高橋尚子選手が二時間一九分四六秒の世界最高記録を出し、女子マラソンは、二時間一〇分台の競争に入った。そして、その七日後に開催されたシカゴ・マラソンで、キャサリン・ヌデレバ選手(ケニア)が高橋選手の記録を五九秒も更新する二時間一八分四七秒の世界最高記録を樹立した。

選手のガードとともにペースメーカー役を果たす「ガードランナー」や、給水役のサポートを得た高橋選手に対してヌデレバ選手は、一切のサポートなしで走った。それだけにヌデレバ選手の世界最高記録は、より驚異的であり輝きも大きい。

高橋選手を指導している小出義雄監督は、「これからは二時間一六分台の力がないと勝てない」と指摘する。そうしたレースの「高速化」によって、選手は一段と過酷な状況に立たされたといえよう。

商業主義の浸透によってメディアをはじめスポンサー企業などの記録に偏重した価値観に選手が縛られる危険性も大きくなってきている。

また、高橋選手についてドーピング（禁止薬物使用）の疑いをかけるような報道（『ニューヨーク・タイムズ』二〇〇一年一〇月一日付）があった。多くの競技にドーピングが蔓延するなかで陸上競技は、もっとも疑惑をかけられており、記録即ドーピングの疑いありとの見方をされる。マラソンの「高速化」が進めば進むほど疑惑も広がりかねず、選手に多大なプレッシャーを与えることが懸念される。

高橋選手には、そうしたプレッシャーに動じない強さがある。シカゴ・マラソンにも出場する計画だった、と高橋選手が明かしたのには驚かされた。連続マラソン制覇への挑戦は高橋選手、小出監督にとって「夢のプラン」であり、その実現を目指して練習も積んできていたという。しかし、日本陸上連盟（以下、日本陸連）がストップをかけて同計画は実現しなかった。

常識的に考えてベルリンとシカゴの連続マラソン計画は、無謀といえる。ただ、日本陸連がシカゴ・マラソンへの出場を許可しなかったのには裏がある、との見方もある。

「国内でもこれから国際女子マラソンのシーズンに入るので、高橋選手を出場させようと各大会の主導権を握るメディアが必死になっている。高橋選手が出場すれば高視聴率は間違いない。もし、高橋選手がシカゴ・マラソンに出場すれば、国内で走らない可能性も高くなるため、メディア側が日本陸連に強いプレッシャーをかけてストップさせたのではないか」（陸上関係者）

当の高橋選手は、一二月の日本実業団駅伝への出場を決めているだけで国内マラソンについては、一切言及していない。水面下では、いろいろな動きがあるようだが、陸上関係者はこう推測する。

「高橋選手が国内のマラソンに出場するとすれば二〇〇二年一月の大阪国際女子マラソンではないでしょうか。その後、四月のボストン・マラソンに出場する可能性が大いにある。ヌデレバ選手との一騎打ちがボストン側の最大の狙いで積極的に高橋選手を説得するはずです」

歴史と伝統を誇るボストン・マラソンでヌデレバ選手と高橋選手との競走が実現すれば日本のみならず世界中のマラソンファンの注目を浴びるだろう。

いずれにしても、世界のトップランナーである高橋選手の動向は常に注目の的になる。レースだけでなく、プロ選手としてCMやイベント出演などタレント活動も多く、自己管理がもっとも重要な課題になるだろう。

高橋選手は、国内ばかりでなく世界の女子マラソンを牽引していく役割を否応なく背負わされている。それだけに記録へのこだわりは当然としても、「燃え尽き症候群」に陥ることなく、いろいろなコースでいろいろな選手と走り、豊かな経験を積んでほしい。また、一人の女性として充実した人生を築きながら、できるかぎり長く走り続けてもらいたいと思う。

3 「水連」を訴えた千葉すず選手の快挙

女子水泳の千葉すず選手が日本水泳連盟（古橋廣之進会長、水連）の理不尽な決定に泣き寝入りせずＣＡＳ（スポーツ仲裁裁判所）に訴え、水連を仲裁の場に引き出した意義は極めて大きい。水泳界で権力を一手に握り独裁者として振る舞う古橋氏に対して意見を言える幹部は、一人もいない。ましてや選手が古橋氏を相手に異議申し立てをすることなど考えられないことであった。

シドニー・オリンピックの代表選考についても古橋氏の意のままに決定されたのは言うまでもない。自ら下した決定がどれだけ選手に深い傷を負わせたのか古橋氏は、まったく理解しようとしない。

選手たちは、四年に一度のオリンピック出場を目指して練習に全力を注ぎ並々ならぬ努力を積み重ねている。そうした選手たちの努力が報われるように最大限支援するのが競技団体の果たすべきもっとも重要な役割である。たとえば、オリンピックへの参加資格となる標準記録をクリアした選手の全員出場を実現することである。

ところが古橋氏は、手前勝手で何ら明確な基準もない「少数精鋭」を打ち出し、標準記録をクリアした選手たちを切り捨てたのだ。ＪＯＣ（日本オリンピック委員会）は、水連に出場選手枠として三〇人を割り当てていた。しかし、古橋氏は、独断で二一人しか選ばなかった。つまり、何人もの選手が古橋氏によってオリンピック出場の機会を潰されてしまったのである。

オリンピックの理想を潰し堕落させた要因の一つがメダル至上主義である。古橋氏もまさにメダル至上主義に骨の髄まで侵され、オリンピックの堕落のお先棒を担いでいるのだ。古橋氏は競技団体の長たる資格を欠いていると言わざるを得ない。オリンピック出場の機会を潰された選手のなか

日本水泳連盟を訴えた千葉すず選手

でもっとも理不尽な仕打ちをうけたのが千葉選手である。

周知のようにシドニー・オリンピック代表選考を兼ねた日本選手権（二〇〇〇年四月）で千葉選手は、二〇〇メートル自由形でオリンピックA標準記録を切るタイムで優勝。しかも一九九九年には、世界二位の記録も出している。千葉選手は、当然代表に選ばれるべきである。

それにもかかわらず古橋氏は、なぜ千葉選手を切り捨てたのか。自分の下した決定について公式に説明する責任があるにもかかわらず古橋氏は、「聞く耳を持たぬ」という居丈高な態度で、その責任を放棄してしまった。雑誌などの取材に対して古橋氏が発言しているのを見ても支離滅裂で説得力はまったくない。「メダルを狙えるような記録ではない」、「水泳はチーム競技だから」などなど。要するに古橋氏は、理由を説明できない単なる感情から決定を下したと言うしかない。

「古橋会長は、私のことをトラブルメーカーで生意気だと思っている」と千葉選手が言っているように古橋氏は、明らかに千葉選手を嫌っている。自分の思ったことを率直に言い、自分の思ったように海外で外国人コーチについて練習するなど古橋氏にとって千葉選手は、自分の意に添わない異端者であり、排除すべき存在ということだ。

こうした古橋氏の時代錯誤もはなはだしい偏狭な考えによって千葉選手が犠牲になることは絶対に許されてはならない。かといって、理不尽な仕打ちに対して千葉選手が救済を求めて訴える第三者機関は日本のスポーツ界にない。一般の裁判所に訴えても裁定が下されるまでにはかなりの時間を要することから緊急な場合、ＣＡＳに訴えるしかないのである。

ＣＡＳでの審理を通して古橋氏の独断と偏見にもとづいた決定の誤りが明確にされ、千葉選手の代表復帰裁定が出ることを期待したい。また、千葉選手のＣＡＳへの訴えを教訓として、泣き寝入りすることなく権力を握るものたちによる不当な決定に対して堂々と異議を申し立てる権利のあることをすべての選手が自覚することを強く望みたい。

4　「水連」に風穴を開けた千葉すず選手

「若い選手がスポーツに対して夢を持っていけるような公平な環境を作りたいと思い、訴えてきました」

ＣＡＳ（スポーツ仲裁裁判所）への提訴に踏み切った千葉すず選手の決意の重さがこの言葉に集約されている。

シドニー・オリンピック代表からはずされたのは不当であり、代表に選ばれるべきだ、というのが千葉選手自身の訴えであった。しかし、千葉選手は、それだけに止まらず、自分と同じような目に遭う選手を二度と出さないために、選考基準の明確化をも訴えたのだ。

だが、二〇〇〇年八月三日に下されたＣＡＳの裁定は、とうてい納得ができない内容であった。「代表に選ばれるべきだ」という訴えが棄却されたのだ。その理由は、「選考で水連が千葉選手を不公平に扱ったとは、認められない」というものだ。

公平であることを保証するには、選考基準をすべての選手に事前に公表することが不可欠である。しかし、日本水泳連盟（以下、水連）は、選考基準を事前に公表せず、千葉選手に知らせていない基準で選考した。これは明らかに公平さを欠いた選考と言わねばならない。

裁定後の記者会見で水連側は、耳を疑うような選考内容を明らかにした。オリンピックのＡ標準記録のクリア、選考会で二位以上というのは、アトランタ・オリンピックでも採られた基準であり選手の認識するところだった。ところが、今回は、「世界の強豪と戦える」少数精鋭を選ぶために「昨年のランキングで男子は一六位、女子は八位以内の記録」という基準で選考したと言うのだ。

当初、水連は、「世界と戦える選手を選んだ」という極めてあいまいな理由で千葉選手をはずした。ところがＣＡＳの聴聞会の場で初めて具体的な選考基準があったことを明らかにしたというのは、選手を甚だしく愚弄している。もし、この基準が事前に公表されていれば千葉選手も当然、その基準を目標にした取り組みをしただろう。

そのような具体的な選考基準を決めていながら事前に公表しなかったことは、選手を騙す行為であり、水連は厳しく追及されなければなるまい。「公平さを主張するために後で取って付けた基準ではないか」と疑われても仕方あるまい。自分勝手な基準で選手の夢を打ち砕くのは理不尽極まりない。

ＣＡＳは、「不公平な扱いはなかった」としながら、一方で「選考基準を事前に告知していれば提訴に至る事態は避けられた」と、水連の落ち度を指摘し、裁判費用の一部として一万スイスフラン（約六五万円）を千葉選手へ支払うことを命じた。

「公平な環境をつくりたい」という千葉選手の訴えは認められ、水連は選考方法などの改革を迫られた。このことの意味は、極めて大きい。古橋廣之進会長のもとで水連は、強固な権力構造をつくりあげ、現場を統制してきた。古橋会長について大方の見方は、「天皇のような存在で幹部でさえ意見など言えない」「選手にとっては、雲の上の人」というものだ。そのような古橋会長を相手取って提訴し裁判に引っ張り出すのに、千葉選手にどれだけの勇気と決断力が必要だったかわかるであろう。

そのうえ、「選ぶのはわれわれであって、選手は黙って従っていればいい」という水連、というより古橋会長の権威主義に楔が打ち込まれた。シドニー・オリンピック後、水連は、選考基準についての広報のありかた、不選考の選手への説明方法、選手からの異議申し立ての仕組みづくり、などの改革に取り組むことを表明せざるを得なかった。

千葉選手の提訴が大きな一石を投じ、水連の権力構造に風穴をこじ開けたのは間違いない。そして古橋会長ら水連幹部は、この裁定を今後背負い続けなければならない。それとともに異議、不服の申し立てを権利として自覚する選手が増えることも間違いなかろう。千葉選手の勇気ある提訴行為を歴史に刻み込み、記憶し続けることが大切である。

5　日本陸連に誕生した初の女性理事に期待

二〇〇一年三月二二日に開かれたＪＯＣ(日本オリンピック委員会)評議員会で、七〇歳定年制のルールを破る八木祐四郎会長（七一歳）の続投が、一つの意見も出されないままシャンシャンシャンで承認された。これはすべて、堤義明ＪＯＣ名誉会長の傀儡として続投を企む八木氏の仕組んだ茶番劇だった。

予想されたこととはいえ、会長失格と断言できる八木氏をルール破りをしてまで選び出す成り行きを現場で目撃し、出口のない暗闇に入ったような深い絶望を感じた。

厚顔無恥の八木氏に追従するだけで、自ら見識を持ち合わせぬ理事たちの不甲斐なさは、それぞれが所属する競技団体の荒廃ぶりを反映している。スポーツ界での「お上」と言われるほど権力組織化した競技団体執行部は、閉塞的でモラルを欠いた密室政治を行ない、荒廃しきっている。内には公金の不正受給問題、外には企業の撤退による競技スポーツの危機など厳しい状況に直面するなかで、なにはさておいても、閉塞性を破って開かれた組織へと改革するのが競技団体の緊要な課題であろう。

その意味で、日本陸上競技連盟(河野洋平会長、以下日本陸連)が二〇〇一年三月二〇日の評議員会で山下佐知子、増田明美両氏を理事に決めたのは、画期的なことだ。

日本陸連は、理事会(二五人)はもとより事務局にいたるまで早稲田大学閥の人間が実権を握り、強固な権力構造を作り上げている。他大学OBを中枢から露骨に排除するような執行部が、ましてや女性を加えることなど到底考えられないことだった。そんな日本陸連が女性理事を誕生させたのだから、何か異変が起きたのか、と勘ぐりたくもなる。

新専務理事の桜井孝次氏は、女性理事選出の経緯をこう説明した。

「もともと河野会長が考えたことなんです。マラソンなどで女性が活躍し、貢献しているにもかかわらず理事会には女性が一切かかわっていない。IAAF(国際陸上競技連盟)でも理事会に二人の女性を入れている。男だけで組織を運営するのは正常ではなく、女性を入れてこそノーマルだ、という考えです。そして、昨年(二〇〇〇年)、河野会長が女性理事を二人増やすことを認めるよう文部省と交渉し、それが認められたんです。山下さんは選手・監督としての経験を活かしてもらい、増田さんには普及活動で活躍してもらう考えです。理事会で新しい意見交換ができると期待しています」

マラソンレースの解説をはじめ多方面で活躍している増田氏は、普及担当に適任だろう。一方、山下氏には閉塞的な理事会に風穴を開けることを期待したい。

一九九二年、バルセロナ・オリンピック女子マラソンで四位と健闘した直後に山下氏にインタビューした。その時、山下氏から聞いた言葉は、強烈な印象として残っている。

「企業の女子選手は結婚すると退社させられ、そこでマラソンを止めてしまう。女子選手が結婚して子どもを産み、精神的に安定し充実したなかでマラソンを続けられるよう、企業はもっと長いスパンで考えてほしい」

これほどしっかりした考えを持つ山下氏がマラソンの指導者になることを期待していた。そして九六年、陸上界で初めての女性監督(第一生命)に就任した。そのうえ日本陸連の理事に就任したことで、より大きな期待がかけられている。理事就任について、山下氏はこう話す。

「初めて理事会に女性を入れるのは、姿勢として進歩と言えるかもしれませんが、女性を入れただけではあまり意味がないと思います。本当に陸連を良くするのであれば、男性とか女性に関係なく適任者に取り替えていくべきです。私は十数人の選手を抱えて現場ですったもんだしている状態ですから、理事として何ができるかわかりません。ただ、前向きに考えて、私にはなんのしがらみもありませんので、気兼ねしないで思っていることをストレートに言おうと思っています」

11章 スポーツ・ナショナリズム——政治に利用されるスポーツ

1 「日の丸・君が代」を徹底した熊本国体

一九九九年一〇月下旬に熊本県で開催された国民体育大会（以下、国体）は、「日の丸」「君が代」の法制化後はじめて迎える大会だけに、その扱いを注目していた。開会式では「日の丸」掲揚と「君が代」斉唱が従来どおり行なわれた。ただ、「君が代」斉唱のとき、アナウンサーが「協力をお願いします」と念を押すように呼びかけた。こうした、呼びかけは、かつてなかった。法制化の影響がでたといえるだろう。

各競技場を取材した報道関係者は、こう話した。「競技ごとの開会式、閉会式で『日の丸』『君が代』が徹底されたという印象を受けた」

国体の歴史は、まさしく「日の丸」「君が代」を国旗、国歌として定着させてきた歴史でもある。

一九四六年、京都を中心に近畿地方の広範囲で開催された第一回の国体では、「平和・民主・自由」がスローガンとして掲げられ「日の丸」掲揚も「君が代」斉唱も行なわれなかった。しかし、翌年の第二回石川国体では、天皇臨席のもと「君が代」が唱和された。第三回福岡国体から公式に「日の丸」掲揚と「君が代」斉唱が行なわれるとともに、競技の得点によって男子総合優勝県に天皇杯、女子総合優勝県に皇后杯が授与されることになった。まさに、天皇制のもとでの国家主義が復活したかのような国体となったのである。

国体の歴史のなかで唯一「日の丸」「君が代」の押しつけを断固として拒否したのは、沖縄の読谷村だった。八七年国体開催県となった沖縄でソフトボール会場に指定された読谷村では、八六年一二月、「日の丸」「君が代」の押しつけに反対して次のような村議会決議を行なった。

「スポーツと教育はいかなる政治の抑圧からも自由でなければなりません。なぜなら、戦争の歴史を振り返る時、そこにはいつも政治がスポーツと教育を支配し、従属させたところに悲惨な人類の戦争があったことを忘れてはなりません」

さらに八七年三月の村議会では山内徳信村長が「日の丸」「君が代」の押しつけに反対する施政方針演説を行なった。

「日本が一気に軍国主義化、皇民化路線へ走った昭和一〇年の動きを思わせるものであります。（中略）戦後新憲法の下で否定されたはずの『忠君愛国』思想の再来であり、戦前への回帰であります。（中略）強引に押しつけられている実態は、誠に遺憾であり、行政権力が基本的人権をも支配していく恐ろしい結果になることを憂慮するものであります」

こうして村民の大多数が「日の丸」「君が代」の押しつけに反対する意思を表明したにもかかわ

らず、結局は無視された。村民の一人、知花昌一氏が会場に掲げられた「日の丸」を焼き捨てる挙に出た。それは、国家主義に支配された国体への痛烈な批判であった。

読谷村ばかりでなく、沖縄全体で労働組合を中心にして国体民主化の運動が広範にすすめられ、「日の丸・君が代」問題、天皇問題、自衛隊問題などについて議論が活発に行なわれ、スポーツと平和の問題を浮き彫りにした。しかし、国体を取り仕切る文部省、日本体育協会などは、沖縄の提起した国体民主化を無視したばかりでなく、国体開催基準や細則を改訂し「国旗掲揚」を明記したのだった。

国体には、大人ばかりでなく小、中、高の学生も総動員されることを考えると、法制化による「日の丸」「君が代」の押しつけ強化が与える影響は極めて大きい。

国体ばかりでなくオリンピックやサッカー・ワールドカップをはじめ国際的な競技スポーツのイベントでも「がんばれニッポン！」と、メディアが先頭に立ち、国威発揚を狙ってナショナリズムを煽る傾向が顕著になってきている。

1999年、熊本県で開催された第54回国民体育大会秋季大会に臨席した天皇・皇后

「日の丸」「君が代」がかつて植民地支配や侵略戦争の象徴であったということ、そしてその象徴のもとで軍国主義に加担したことなどの歴史認識を完全に忘却し去った日本のスポーツ界だけに、その法制化を受けて今後、国家主義を一層色濃く反映させていくのは間違いなかろう。

2　小泉首相がイチローに出した的はずれコメント

シアトル・マリナーズのイチロー選手が二〇〇一年八月二八日(現地時間)のデビルレイズ戦で今季両リーグ最速の二〇〇本安打を記録した。イチロー選手は、大リーグでの大きな目標にしてきた記録を達成できたことで、「大きな喜びとともに自信を得た」とメディアの取材に淡々と応えていた。マリナーズのピネラ監督などは、新人で最速の記録を達成するという快挙に驚嘆し、改めてイチロー選手の実力を高く評価した。

二〇〇本安打の記録ばかりでなく、その内容をも総合した価値の大きさははかりしれない。どのような球種にも対応するハイレベルの打撃技術と、内野への打球を安打にする俊足を生かしたイチロー選手のプレーは、いまやパワーばかりに関心が集まり、忘れられがちになった技術やスピードの大切さを改めて思い起こさせている。それゆえに、イチロー選手はアメリカの星とまでいわれるのだ。

『ニューズウィーク日本版』九月五日号で同誌のコラムニスト、デーナ・ルイス氏は、「イチローは『アメリカの星』だ」というタイトルのコラムにこう記している。

「スター選手の多くが入れ墨やカラフルな髪や「鼻っ柱の強さ」で名をはせている時代に、イチローは昔ながらの「アメリカンヒーロー」を思い出させてくれる。スタンドプレーや派手な言動はいっさいなく、勤勉あるのみだ。

それはかつて、日本の美徳でもあった。そして今なお、アメリカ人がヒーローに求める資質でもある。どこの国からやって来たかなど関係ない」

イチロー選手は、なぜ大リーグ入りをしたのか。プロ野球選手としてさまざまな目標に挑戦していくだけの魅力を日本のプロ野球に見出せなくなったからではなかろうか。とりわけ、親企業の宣伝道具でしかない球団によってつくられる球界全体の閉塞感が、選手の野球に対する意欲を減退させており、そこから脱出したいという気持ちが強かったにちがいない。魅力を失った日本のプロ野球界から脱出して大リーグ入りしたイチロー選手にとって、日本人としてではなく、一人の選手として「アメリカンヒーロー」と評価されることは最高の栄誉であろう。

そうしたイチロー選手の心情も理解せず、小泉純一郎首相は、「日本の一流選手は大リーグでも一流との証明」といい、メディアは、二〇〇本安打に対して「イチロー選手に国民栄誉賞を」などと言い出す始末だ。そこには、「日本」にこだわり、「日本人ヒーロー」を強調する偏狭なナショナリズムの発想しかない。

イチロー選手の快挙でますます大リーグに対する関心が高まるのと対照的に日本のプロ野球は閉

塞感を強め色褪せていくばかりだ。象徴的なのは、二〇〇一年八月一四日に巨人の渡邉恒雄オーナーが「長嶋終身監督」発言をし、来季も長嶋茂雄監督の続投を決めたことだ。ありあまる戦力を抱えながら、それをチーム力につなげられないばかりか、ゲームでも采配といえるような采配ができず、優勝もおぼつかない状況をつくりだした責任は、長嶋監督にある。現場指揮官としての能力に欠けることが明らかな長嶋監督の責任を不問にして「終身監督」に決めるなどというのは、あまりにも選手やファンをバカにしているではないか。「長嶋人気」に寄りかかって新聞の拡販やテレビ視聴率を稼ぐ企業利益しか考えない経営陣によって、巨人は魅力を失い、ファンの期待を裏切っている。

かつては、西を代表する看板であった阪神タイガースも、いまや看板は色褪せ、最下位に低迷し続け、急速にファンが離れている。その責任を問われるべき野村克也監督について、球団オーナーは、今季で契約切れになるにもかかわらず続投を早々と発表してファンを落胆させた。

いずれにせよ、企業利益を最優先させる経営者や、プロフェッショナルとしての責任感やけじめを放棄して保身に走る監督らによってプロ野球界は、低迷から脱する道を見つけようともせず、自ら袋小路に迷い込んでしまっている。

3　懸賞金で煽られるナショナリズム

下降の一途をたどる巨人戦中継の視聴率に歯止めをかけようと、日本テレビは、「八時の男」というクイズを考え出した。同局関係者は自信ありげにこう話す。

「小・中学生や女性に巨人戦を観てもらうのが狙いでした。その狙いは当たりました」

テレビ局としては、窮余の一策なのだろうが、中継にクイズを入れるのは、ゲームの流れを切る余計な夾雑物でしかない。スポーツ中継にこうした夾雑物を入れて視聴率を稼ぐ傾向がテレビ界に広がっている。テレビ朝日系が独占中継した世界水泳選手権では、日本新記録の選手を当てた視聴者に一〇〇万円の懸賞金が出た。

『朝日新聞』のテレビ番組欄は世界水泳の番組だけ目立つように青色をかけてあり、午前七時四五分から八時までのワクは「世界水泳で100万円!」となっている。つまり、前日にある選手が日本新記録を出すと、それを当てた視聴者を抽選し、一〇〇万円の当選者を発表する番組なのだ。

一〇〇万円懸賞について同テレビ広報はこう説明する。「プロ野球選手などと違い水泳選手の場合、名前と顔が一致しないことが多い。懸賞に応募してもらうことで選手の名前を覚えてもらう助けになれば、ということが一つです。それに、オリンピックでは金メダルばかりが強調されて、日本新記録はあまり評価されません。そこで、日本新記録をしっかり評価していくということです」

また、日本テレビの「八時の男」を意識してか、「中継のなかには懸賞のことを一切入れていません」と強調していた。テレビ朝日の言い分は、こじつけでしかない。競技と懸賞金を結びつける発想はいかにも低俗だ。選手を知ることより懸賞金目当ての視聴者の俗情をかりたてる効果の方が大きいに決まっている。

日本新記録を評価すべきだ、というのは、その通りだ。だが、懸賞金をかけることで必要以上に「日本新記録!」と大騒ぎしすぎて競技全体の評価を撹乱してしまったのは、重大な欠陥といえる。

それ以上に問題なのは、「日本新記録!」を大々的にアピールするなかで、ナショナリズムを煽りに煽ったことである。中継をはじめ関連番組で、「最強の日の丸軍団」をはじめ「大和ナデシコ」や「大和魂」などの言葉が頻発された。

日本社会にはいま、ネオ・ナショナリズムの台頭によって戦前へ逆行する動きがある。オリンピックをはじめ国際的な競技大会で「がんばれニッポン!」を強調することは、まさにネオ・ナショナリズムを高揚させる効果を持っている。その危険性を自覚もせず(自覚していたとすればなお問題だ)、軍国主義的ナショナリズムにつながる言葉を使うのは、報道機関として不適格といわざるを得ない。世界水泳選手権には世界から約一五〇〇人の選手が参加しているにもかかわらず、日本選手しかクローズアップせず、国際大会の意義を希薄にしてしまった。

唯一の例外は、水泳界のスーパースターといわれるイアン・ソープ選手。ソープ選手の動きをお笑いタレントの南原清隆氏が特別記者として追っかけ、競技では古舘伊知郎氏が特別実況するという力の入れようだった。ソープ選手は、華麗な泳ぎで次々と世界新記録を塗り替え、水泳競技の魅力を存分に味わわせてくれた。ただし古舘氏の実況中継は、プロレスのときと同じで、やたらと大げさな形容詞を羅列するだけの上っ調子なもので耳障りでしかなかった。

ソープとファンデンホーヘンバント両選手が対決する男子二〇〇メートル自由形決勝(七月二五日)は、大会の目玉とされただけあって視聴率は二六%に達した。その数字を上回ったのが同日の女子八〇〇メートルリレーで二六・七%を記録。やはり、「がんばれニッポン!」の方が強かったということだ。視聴率稼ぎのために芸能番組化したり、ナショナリズムを煽ったりすることが、スポーツそのものを歪めるばかりか、社会にどれだけ悪影響を与えるかをテレビ局は、自覚すべきである。

4 「第三次世界大戦が起こらない限り……」

JOC(日本オリンピック委員会)は二〇〇一年一〇月二四日、竹田恒和・常務理事を新会長に選出した。五三歳の若さと国際馬術連盟副会長としての国際経験などが選出の理由とされた。会長に就任するやいなや竹田氏に突きつけられたのは、自爆テロとそれに対する報復戦争にJOCとしていかに対応するのか、だった。とりわけ、緊急な課題となるのが来年の米国ソルトレークシティー冬季オリンピックへの対応だ。

竹田氏は、こう発言している。

「平和な社会を取り戻すためにも、オリンピックを開催すべきだと思う。選手を安心してオリンピックに送り込むのが私たちの使命だ」(一〇月二五日付『毎日新聞』朝刊)

この発言は、「オリンピック精神の目的は、人間の尊厳を保つことを大切に考える平和な社会の確立を促進することにある」というオリンピック憲章の根本原則を意識したものであろう。

しかし、いま起きている事態に照らし合わせたとき、竹田氏の発言は、まったく説得力を持ち得ていない。「平和な社会を取り戻す」ためにまずやらなければならないのは、自爆テロはもちろんのこと、報復戦争に断固として反対し、即時中止を求めることである。報復戦争を容認したままでオリンピックを開催して平和な社会が取り戻せるわけはなかろう。

竹田発言と違うページにノルウェーのゲルハルト・ハイベルグIOC（国際オリンピック委員会）委員が、同国の新聞にソルトレークシティー冬季オリンピック開催に疑問を投げかけた、という記事（AP共同電）が載っている。

要約すると、「戦争状態にある国がオリンピックを開催することはできない」としてハイベルグ委員は、開催見送りを提案した。これに対してIOCは、「第三次世界大戦が起こらない限り、予定通り開催する」としている、というものだ。

ハイベルグ委員の意見は妥当であり、世界戦争でなければ戦争とは認めないようなIOCの発言は、正気を失っている。断じて許せない。米国が報復戦争を続けるかぎり、新たなテロが生まれるだろう。そうした悪循環の泥沼のなかでオリンピックを開催すべきではない。平和主義をタテマエとするオリンピック運動が目指すのは、戦争を中止させるために全力を尽くすことであろう。しかし、IOCは、そのタテマエさえ放棄してしまったというしかない。

一〇月二四日に来日したジャック・ロゲＩＯＣ会長と竹田氏との会談でも報復戦争の中止についてはまったくふれられなかったようだ。

米国の報復戦争に対して小泉純一郎首相が全面協力の姿勢を明確にし、自衛隊法改正や「テロ対策特別措置法」の制定を強引に進め、自衛隊の海外派遣に躍起になっている。これは、憲法で禁じている集団的自衛権に抵触し、憲法の精神を踏みにじるものである。小泉首相の軍国主義ナショナリズムによる自衛隊の戦争への加担は、断じてゆるすべきではない。

「平和でなければスポーツもない。平和が大事だ」

これは、ベルリン・オリンピック（一九三六年）のマラソン優勝者・孫基禎さん（韓国）の言葉だ。日本の植民地支配によって孫さんは、胸に日の丸を付けて走らされた。その後も朝鮮半島の出身であるということだけで孫さんは抑圧され、人権を踏みにじられる人生を送った。そうした経験からでた重い言葉である。

侵略戦争、植民地支配についての自己批判を怠り、新たな国家主義に走ろうとしている日本のスポーツ界の現実を前にして、改めて孫さんの言葉を噛み締めなければならないと思う。ナショナリズムによって封殺されてきた平和主義を、スポーツの本質的価値として取り戻さねばならない。

5　ブルーインパルスがサッカー・ワールドカップに必要か

サッカー・ワールドカップ日本組織委員会（以下、ＪＡＷＯＣ）の那須翔会長、日本サッカー協会の岡野俊一郎会長、Ｊリーグの川淵三郎チェアマンの三人が二〇〇二年一月一七日、中谷元防衛庁長官を訪ね、大会期間中の自衛隊の協力を要請した、と報じられた。協力要請の内容は、要人の輸送、音楽隊の国歌演奏、ブルーインパルスの展示飛行などだ、という。

「何時、何処で、どういうかたちで協力してもらうのかという詳細な内容については、これから検討し、協定書を結ぶことになると思います」（ＪＡＷＯＣ関係者）

二〇〇二年一月一八日付の新聞は、この協力要請について『毎日新聞』が七行のベタ記事、『朝日新聞』は一行も載っておらず、ほとんど問題視されていない。だが、「国内のビッグイベントに自衛隊が協力するのは当たり前」と、メディアがとらえているとしたら重大問題だ。

一九九八年の長野冬季オリンピックでも、開会式のときブルーインパルスによる展示飛行があった。そのことについて大会前に開かれた自治労主催のシンポジウムで、参加者から次のような疑問が投げかけられていた。

「ブルーインパルスの出演問題について、防衛庁はＮＡＯＣ（長野冬季オリンピック組織委員会）からの要請に応えるものだとしているが、開会式直後とはいえ、平和の祭典にふさわしくない。オリンピック、パラリンピックを裏方として支えているのは自衛隊ばかりではないはずです。さらに長野市という人口密集地での飛行は危険であると思います」

これに対して小林実・NAOC事務総長はこう答えた。

「アトランタでも飛行機は通り抜けた訳です。東京オリンピックでも飛んだと思います。オリンピックの祭典ということで、それを盛り上げるということで、その辺のところはご理解を賜りたいと思うのです」

小林事務総長は、投げかけられた疑問に対してまともに答えていない。メディアも問題にするわけではなく、あいまいにされたままでブルーインパルスは飛んだのだった。

今回の自衛隊への協力要請は、長野冬季オリンピックの時とは比べものにならない重大な問題をはらんでいる。周知のように同時多発テロと米国によるアフガニスタンへの武力攻撃を契機として小泉純一郎首相は、十分な議論もないまま「テロ対策特別措置法」を成立させ、憲法に違反する集団的自衛権に道を開いた。そして、いまや有事法制を成立させる動きを見せている。そうした状況だけに自衛隊の動きについて厳重に監視しなければならない。

そんななか那須氏ら三人がうちそろって自衛隊の協力を要請するというのは、小泉首相の目指す流れに沿って自衛隊の活動を正当化するとともにその存在を誇示させる狙いがあるとしか考えられない。

それでなくとも「フーリガン対策」といいながら、実際には「テロ対策」として警察による厳しい警戒体制が敷かれるのは間違いない。そこに自衛隊も関与してくる可能性も有り得る。たとえば、要人輸送を他の手段ではなく自衛隊に頼む理由について、ＪＡＷＯＣ関係者の説明は納得できない。

「国内のセキュリティーについては警察が担当するということは法的に決められている。ですから、要人の輸送の協力要請にはセキュリティーは含まれていません。自衛隊であればあちこちに輸送しやすいということだけです」

サッカー・ワールドカップは、歴史的にナショナリズムを最大の糧として巨大化してきたといえる。ヨーロッパや南米の軍国主義独裁者たちが権力維持のためにワールドカップをさんざん利用してきたことは良く知られている。そして、ワールドカップがナショナリズムによる国威高揚の絶好の舞台であるということは、いまだに変わっていない。そうしたことも考え合わせると、今回のワールドカップで自衛隊の存在が誇示されることにより新しい国家主義をますます勢いづかせる恐れが大いにある。

6　サッカー・ワールドカップをぶちこわす小泉首相の靖国参拝

「われわれの祖先を軽蔑した人たちとスポーツ競技を開くことを負担に思う。教科書問題はワールドカップに影響を与えざるを得ない」

二〇〇一年七月、日本の歴史教科書問題について鄭夢準韓国サッカー協会会長は、こう厳しく批判した。

一九九六年五月末、二〇〇二年サッカー・ワールドカップの韓日共同開催が決定して以後、日本は「共催」に何度も水を差してきた。大会名の国内での日本語表記「日韓」にこだわってFIFA（国際サッカー連盟）に対して異議を申し立てたのをはじめ、「新しい歴史教科書をつくる会」の偏向した歴史教科書の問題や小泉純一郎首相の靖国神社公式参拝などによって韓国の人たちを心の底から怒らせた。二〇〇一年一〇月、韓国側の怒りを和らげようと小泉首相が訪韓（訪中と併せて）したことについても鄭会長は、手厳しい指摘をする。「韓国を訪問した際、『二度と戦争を起こさないために』と述べた談話（小泉首相の）に対する韓国国民の受け止め方は、とても否定的なものでした」（『中央公論』二〇〇二年一月号でのインタビュー）

小泉首相は、二〇〇二年三月下旬にも訪韓して金大中大統領と手を握りあい、「ワールドカップの共催を成功させよう」と、わざわざ代表チームのユニフォームを着るなどのパフォーマンスまでやって見せた。それから一カ月もたたない四月二一日、小泉首相は突然、靖国神社を参拝した。新聞報道は、韓国政府が「日本軍国主義の象徴である靖国神社を参拝したことに深い遺憾を表明する」との声明を発表したのをはじめ、韓国の各政党もサッカー・ワールドカップの共催を控えた時点での参拝は「韓日関係全般に否定的影響を与える」「北東アジアの平和を害する挑発だ」などと反発している、と伝えている。

また、韓国の市民団体は、小泉首相は韓国側が反発しにくいワールドカップ目前という時期を狙ったものと受け取り、強く反発する可能性があるという。

小泉首相のたび重ねての靖国神社参拝は、中国や韓国をはじめアジア諸国を蔑視する思想を露骨に示したと言えよう。靖国神社参拝についての所感で小泉首相は、こう言っている。「将来にわたって、平和を守り、二度と悲惨な戦争を起こしてはならないとの不戦の誓いを堅持することが大切であります」

こうした小泉首相の「不戦の誓い」など誰が信じるであろうか。小泉首相が強引に進めようとしているのは、平和憲法をぶち壊して日本を戦争のできる国にすることではないか。小泉首相は、「テロ国家の親玉」（ノーム・チョムスキー著『9・11』、文藝春秋）である米国に追従して憲法違反の集団的自衛権に繋がるテロ対策特別措置法で自衛隊の海外派遣をごり押ししたばかりか、今国会では有事法案を成立させようとしている。

有事法制については、多くの識者らが強く反対している。有事法制は、かつての「国家総動員法」と同様に日本で暮らすすべての人を戦争に巻き込む危険性を持っている。そればかりでなく、近隣諸国をはじめ全世界に影響を及ぼす。とくに韓国や中国など東アジアをはじめとする広い地域の軍事的緊張を高め、戦争を呼び込む恐れがある。韓国や中国がこれに反対を表明しているのは当然である。

ブッシュ大統領にはしっぽを振ってついていきながら、一方でアジア諸国を蔑視するという小泉首相の言動は、日本に対する反発を強めアジアでの孤立化を招くに違いない。ワールドカップを開催したからといって、そうした反発が和らぐわけはない。少なくとも、メディアは、事態の重大さを理解していないようだが、韓国を蔑視した小泉首相の言動によって、ＦＩＦＡが大義名分とした「韓日共催」の意義が根底から崩されたのは間違いない。なにはさておいても、平和憲法を踏みにじり暴走する小泉首相の「戦争のできる国づくり」に、断固反対しなければならない。

7 ストイコビッチとヒデの平和主義

ドラガン・ストイコビッチ選手（愛称ピクシー、ユーゴスラビア）の引退試合が行なわれたのは二〇〇一年一〇月六日のことだった。ストイコビッチ選手は、一九九四年に名古屋グランパスエイトに入団、世界的プレーヤーとしての実力を遺憾なく発揮し、Ｊリーグに多大な影響を与えた。今季第一ステージ終了と同時に名古屋を退団したストイコビッチ選手にとって、この試合が最後のユニフォーム姿となった。

「サッカーは毎年変わるが、技術は変わらない。テクニックを見るのはサッカーの楽しみだ。それを日本に残せたとしたらうれしい」――これが最後のメッセージだった。

その華麗なテクニックはいうまでもないが、それとともにストイコビッチ選手の明確な思想信条の表示は強烈な印象を残した。一九九九年三月二四日、ＮＡＴＯ（北大西洋条約機構）軍によるユーゴ空爆が始まった。その三日後、ストイコビッチ選手は、神戸ユニバシアード記念競技場でのゲーム中に自らのアシストでゴールが決まった瞬間、ユニフォームをたくしあげ、「NATO　STOP　STRIKES」と手書きしたTシャツを示し、「空爆反対」を訴えたのだ。

四月二五日には、ストイコビッチ選手をはじめユーゴ出身のペトロビッチ(浦和レッズ)、マスロバル(ジェフ市原)選手らが日本人記者団を前にNATOの空爆に反対を表明した。最初にストイコビッチ選手が空爆は国連を無視したものであり、国際法上も許されない、と強調し、最後をこう締め括った。

「私が心から信念として持っているのは、『すべての出来事は、平和的な方法を持って解決できる。すべての出来事は、平和的な方法を持って解決しなくてはならない』、そういうことです」(木村元彦著『悪者見参』、集英社刊より引用)

ストイコビッチ選手のこの言葉は、心を打つものだった。九九年六月、空爆は停止されたものの、深く大きい傷が残された。

日本を去ったストイコビッチ選手は、ユーゴスラビア・サッカー協会会長への就任が決まっており、ユーゴサッカー界の改革に意欲を燃やしている、という。サッカー協会会長としてリーダーシップをとるなかでストイコビッチ会長は、「すべてを平和的方法で解決する」という信念を存分に発揮することであろう。それとともに、日本のサッカー界も、その信念を理解する努力が必要だ。

ストイコビッチ選手の引退試合の約一カ月後、日本対イタリア戦が埼玉スタジアムで行なわれた。強豪イタリアを相手に日本代表チームは善戦し、一対一で引き分けた。確実に力を伸ばしてきた選手たちのなかにあって、やはり中田英寿選手の存在感は大きかった。イタリア・セリエＡでプレーしているだけの高レベルのテクニックばかりでなく確たる信念を持つ人間としての存在を感じた。

それを裏付けるものとして、自爆テロと報復戦争に対して中田選手が明確に批判したこともあげられよう。報道によると、中田選手はイタリアの地元マスコミの質問に次のように答えたという。

「唯一の解決法は、話し合いだ。大切なのはみんなが地球の住人だと考えることだ。現在起こっていることは、平和に生きるためにまだたくさん学ばなければならないことがあることを示している。米国もアフガンもビンラディンも、一般の関係ない人を殺すという点で間違っている。復讐は正当なことではないことを忘れてはならない。米国は、話し合いより、爆弾を選んだ。ミサイルや銃弾より、言葉を役立たせなければ、戦争に終わりがなくなる」

「ミサイルや銃弾より言葉による話し合いが必要」という中田選手の主張は、ストイコビッチ選手が信念とする「平和的方法による解決」と同じことを意味している。ストイコビッチ選手や中田選手の平和主義の信念に基づいた意志表示は、スポーツに関わるものが平和的解決を求める声をあげる必要を訴えるものと受け止めなければならない。

スポーツ帝国の支配者たち

第II部

1章

サッカー・ワールドカップとFIFAの内紛

ブラッター会長の金銭スキャンダル

「二〇〇二年韓日共催サッカー・ワールドカップ」を迎えるなかでFIFA（国際サッカー連盟）は、五月二九日の会長選に絡んで内部告発によるブラッター会長の金銭スキャンダルが表面化するなどして内部の権力抗争で激震した。

ソウルでのFIFA総会で行なわれた選挙では、ブラッター会長がFIFAの民主制、透明性などの改革を掲げたハヤトウ候補（アフリカ・サッカー連盟会長）に圧勝（一三九対五六）し再選された。それにしてもFIFAの改革を支持するもののあまりの少なさに驚いた。司直による調査が必要なほどの不正財政を内部告発されたばかりか、実際に理事たちによるスイスの地方検事局への告発までされたブラッターが圧倒的に支持されたというのはFIFAという組織の救いがたい堕落ぶりや無責任さを物語っているとしか言いようがない。

権力と金を絡めたスキャンダルを抱えながらFIFAを牛耳るブラッターに世界のサッカー界を指導する資格はないし、ワールドカップをカネのなる木としか考えず、歴史的に築き上げられてきた権威を地に落とした責任を追及する必要がある。

いずれにしても、ＦＩＦＡを根底から揺さぶる激震の震源は深く、場当たり的な対応策では問題を解決できない。なによりもアベランジェ前会長時代まで遡ってＦＩＦＡの実態を歴史的に検証し真の震源を明らかにしていくことが必要だ。

激震の震源地

世界のスポーツ界を何度も揺るがしてきた震源地は、スイスのローザンヌ、チューリヒ、ルッツェルンのトライアングルである。ラテンアメリカの著名な作家・ジャーナリスト、エドゥアルド・ガレアーノ（ウルグアイ）は、その震源地を見事に暴き出した。

チューリッヒに玉座と宮廷のあるＦＩＦＡ、ローザンヌから世界を治めるＩＯＣ、そしてルツェルンでビジネスを営むＩＳＬマーケッティング社の三者が、サッカー・ワールドカップとオリンピックとを操っている。御覧のとおり、巨大なるこれら三団体は、狙ったらはずさないウイリアム・テルの腕前と時計の正確さと銀行の秘密を守り抜く宗教的忠誠で有名な、あのスイスという国に揃いも揃って本部を置く。偶然ながら、いくらの金がその手を通りいくらがその手に残るのかについては一切、三者ともすこぶるつきの口の堅さを見せている。

（『スタジアムの神と悪魔』みすず書房）

ＩＯＣ（国際オリンピック委員会）、ＦＩＦＡ（国際サッカー連盟）、ＩＳＬの三者が世界のスポーツ界を揺るがし始める震源になったのは、一九七四年にジョアン・アベランジェ（ブラジル、ＩＯＣ委員）がＦＩＦＡ会長に就任したことであった。

「サッカーという製品を売りにきた」――アベランジェは会長就任のあいさつでこう宣言した。アベランジェ会長は、それまでワールドカップなど二つしかなかったＦＩＦＡ主催のイベントを次々に創設した。ＦＩＦＡコカコーラカップ、ＦＩＦＡフットサル世界選手権、ＦＩＦＡ女子サッカー選手権、ＦＩＦＡＵ―17世界選手権など。これらの「サッカー製品」を独占的に販売したのがＩＳＬであった。電通を共同出資者に取り込んでＩＳＬを設立したのは、スポーツグッズメーカー・アディダスのオーナー、ホルスト・ダスラーであった。サッカー界に食い込んでいたダスラーは、新しく登場したアベランジェ会長と手を組みサッカービジネスを飛躍的拡大していった。

一九八〇年には、ＩＯＣ会長にアントニオ・サマランチが就任する。その会長選でアベランジェとダスラーが結託して買収工作を行ないサマランチを当選させたと言われる。

八四年のロサンゼル・オリンピックが「商業主義オリンピック」として巨額の利益を生み出したのを見てサマランチ会長は、ダスラーの指示通りにＩＯＣ自体のオリンピックビジネスを展開した。こうして権力と金を媒介にして強い絆で結ばれた三人が世界のスポーツ界やスポーツビジネス界に激震を起こした。その世界では三人を脅威的な存在とみなして「スポーツマフィア」とまで称した。

八七年にダスラーが病死した。サマランチ、アベランジェは、それぞれ次のような弔意を表明した。

「私は非常に悲しい。ホルスト・ダスラー氏はスポーツの発展のために、発展途上国において大いに貢献してくれた。彼はオリンピック運動にとって偉大なる友であった」（サマランチ）

「FIFAは誠実な友を失った。過去一〇年間、世界中のサッカーの驚異的な発展に多大な貢献をした」（アベランジェ）

ダスラーの死によって、それまでの権力と金による絆に裂け目が入りサマランチ、アベランジェの築いた牙城も揺らいでいった。

独裁者・アベランジェ

アベランジェは、会長就任時に宣言した通り、「サッカー製品」を売りまくりFIFAの財政を潤沢なものにした。しかし、その潤沢な資金をばらまくことで自らの権力を不動のものにし、独裁体制をつくりあげたのだ。絶対的な権力を握った独裁者・アベランジェの驕りが頂点に達したのは、九四年のワールドカップ・アメリカ大会のときであった。

サッカー不毛の地であるアメリカでワールドカップを開催することに決めたアベランジェの狙いは、言うまでもなく世界最大の市場から巨額の収益をあげることであった。大会後、アベランジェは、こう豪語したという。

ワールドカップ九四アメリカ大会の時には、のべ三一〇億の人間が観た。これは、地球人口の五倍以上にも当たる。サッカー界では、年間二五五〇億ドルが動いていて、直接・間接を含めると、四億五〇〇〇万以上の人間に仕事をもたらしている。ＦＩＦＡに加盟している協会は一九八カ国。わたしの組織に属している国は国連よりも多いのだ。

（デヴィッド・ヤロップ著『盗まれたワールドカップ』アーティストハウス）

FIFAの内紛

アメリカ大会の数年前にアベランジェは、すでに経済大国・日本での開催を考えていた。そして、アベランジェの意向を聞いた電通が主導的な立場に立って二〇〇二年ワールドカップ招致へと乗り出した。しかし、アメリカ・ワールドカップの後にチューリヒのＦＩＦＡ本部では内紛がくすぶりだしていた。火種となったのは、アベランジェのＦＩＦＡを私物化した独裁的な運営と金銭をめぐる乱脈ぶりにあった。あまりの金銭の乱脈ぶりを諫めた事務局長をアベランジェは一方的に解任し、後任に子飼いのブラッターを据えた。この人事を契機としてＵＥＦＡ（ヨーロッパ・サッカー連盟）のヨハンソン会長を旗頭とするヨーロッパ勢の反アベランジェ派は、ＦＩＦＡ改革を掲げて動き出した。

九五年にはヨハンソンらは、「ビジョン・ワン」と称する改革案を突きつけるとともにアベランジェを会長の座から引き降ろす動きを活発化させた。こうしてＦＩＦＡの内紛が拡大していくなかでヨハンソンらが抗争材料に利用したのが二〇〇二年ワールドカップ開催地と九八年以降のワールドカップ放送権の問題だった。

本格的な招致活動を開始した日本に対抗するように二年遅れて韓国が招致を表明した。二年遅れという大きなハンディキャップを背負った韓国がその劣勢を覆すことは難しいと思われた。しかし、韓国側のリーダーである鄭夢準・韓国サッカー協会会長は、政治外交力や資金力を最大限に発揮して日本を激しく追い上げていった。例えば招致競争の大きなポイントになったのは、九四年のアジア地域選出のＦＩＦＡ副会長選挙だった。ＦＩＦＡ副会長のポストに就けばＦＩＦＡ内部の動きを的確に把握できるばかりでなく、効果的に影響力も発揮できるなど断然有利な条件を得られる。鄭夢準はこの選挙に全力を投じ当選した。日本から立候補した村田忠雄・日本サッカー協会副会長は惨敗した。

ＦＩＦＡ副会長に就いた鄭夢準は、あの手この手の集票工作を進めるなかでヨーロッパ勢の取り込みに成功した。一方、日本は、あくまでもアベランジェの勢力を頼みにした。日韓の招致競争は、激化するばかりで金品の飛び交う汚いものになっていった。

最終局面を迎えて鄭夢準は、韓国の単独開催から「韓国・日本共同開催」へ方向を大転回し、その提案をヨハンソンに託した。ヨハンソンはアベランジェをはじめ橋本龍太郎首相(当時)らにも共同開催を提案したがいずれも拒否された。しかし、開催地を決定するＦＩＦＡ理事会の開かれる九六年五月三一日が迫るにつれて、「ＦＩＦＡの規則は共同開催を認めていない」というアベランジェの拒否に対する批判的な雰囲気が広がった。そして、選挙当日、アベランジェは、日韓共同でワールドカップを開催することを発表した。ＦＩＦＡ会長に君臨してきたアベランジェにとっては、はじめての屈辱的な経験であったろう。また、日本の招致関係者にも強い敗北感が残った。思い通りに「韓日共同開催」に決定したことは鄭夢準にとっては大きな成果であったに違いない。招致活動とその結果を振り替えって鄭夢準は、中央公論(二〇〇二年一月号)のインタビューにこう答えている。

それまで日本は、ワールドカップの本大会に一度も進出したことがない国でした。一方、韓国は一九五四年のスイス大会、八六年メキシコ、九〇年イタリア、九四年アメリカと、すでに四回の出場実績がある。韓国は日本に野球で負けることがあっても、サッカーでは絶対負けるわけにはいかない。アジアで最初にワールドカップが開かれるとしたら、アジアのサッカーを代表する韓国でなければならない、という強い自負心があったのです。もし日本に開催権を全部持っていかれたとしたら、韓国人は強いストレスを受け、社会的問題になるところでした。共同開催になって本当に幸いだったと思います。

アベランジェには、ＵＥＦＡからの要求に対して答えを出さなければならない課題が残されていた。それは、九八年以降のワールドカップ放送権やマーケティング権に競争的な手法を採用して収益を増やすこと、収益金の配分を透明にし均等化することなどであった。そのなかでワールドカップ放送権を重く見たアベランジェは、ＵＥＦＡの攻勢を削ぐ狙いもあってか、独断で思い切った契約を行なった。

アベランジェがキルヒ・スポリスグループに売った放送権料は、二〇〇二年大会一三億スイスフラン（契約当時のレートで約一三〇〇億円）、二〇〇六年大会一五億スイスフラン（同約一五〇〇億円）。二〇〇二年大会だけでも七八年からの六大会放送権料総額の約三倍という暴騰ぶりだった。アベランジェは、九六年末に「九八年六月で会長を辞める」と宣言し、後任の候補としてブラッターを強力に支援した。一方、キルヒ・スポリスグループの放送権販売は放送権料があまりに高いため躊躇するテレビ局も多く難航した。

そうしたなかで九八年六月、ＦＩＦＡの会長選が行なわれ有利と見られていたヨハンソンを破ってブラッターが当選した。ブラッターは、かつてアベランジェが会長選で使った手口をそっくり真似て買収工作に成功した、と噂された。ブラッター新会長は、二四年間にわたるアベランジェ独裁体制がつくりだしたＦＩＦＡの金権体質を変えることなく温存し、加えて新たなカネのばらまきで権力保持を計ったといわれる。

しかし、ブラッター体制は順風満帆とは言えなかった。二〇〇二年ワールドカップのマーケティング権を独占したＩＳＬが二〇〇一年三月に経営破たんした。その原因は、ダスラーの死後影響力を失っていき、そのあせりもあってかサッカー以外のスポーツマーケティング権の投機に走り負債を膨らませたことのようだ。ＩＳＬの経営破たんによるＦＩＦＡの損害は定かではないが三億ドル以上と言われる。そればかりか放送権を独占契約し販売をしていたキルヒメディアまでが二〇〇二年になって倒産してしまった。ここもスポーツイベントの放送権を長期契約したものの売れず莫大な負債を抱えたのが倒産の原因らしい。

ＩＳＬとキルヒメディアは、二〇〇二年ワールドカップの国際映像制作会社・ＨＢＳに共同出資することが決まっていた。その両社が倒産したため一時は、ＨＢＳはどうなるのか、国際映像制作は大丈夫なのか、と騒がれた。すべてＦＩＦＡが最終責任を負うということで表面上は事態は収拾された。しかし、ＩＳＬにしろキルヒメディアにしろアベランジェ・ブラッターコンビとの癒着関係にあったこと、しかもＦＩＦＡに多大な損害を与えたことなど追及されるべき点が多く反ブラッター派の攻撃材料にもなった。

アベランジェ―ブラッター路線に対するヨーロッパ勢の反発はより激しくなり、五月三一日の会長選に向けて三月に立候補したアフリカ・サッカー連盟会長のハヤトウを支持する動きに出た。五月三日、ゼンルフィネン事務総長がブラッターの不公正な会計操作などを告発する二一ページに及ぶ報告書をＦＩＦＡ緊急理事会に提出した。さらに一週間後、ＦＩＦＡ理事一一人が資金流用の疑いでブラッターをスイスの地方検事局に告発した。ブラッターは、こうした重大な告発にまともに対応することなく一切無視し通した。その裏には、会長に再選されればすべて乗り切れるとの読みがあったのだろう。そして、ブラッターは、再選されたのだった。

サッカーを盗むもの

圧倒的な支持をバックにしているだけにブラッター体制を切り崩しＦＩＦＡを改革するのは容易なことでないだろう。とはいえブラッターをスイスの地方検事局に告発した理事をはじめＦＩＦＡ改革を求めるものが結束してブラッター体制を今後も追及し続けねばなるまい。ＦＩＦＡを脱退するという強硬手段に訴えてでもサッカーを権力や金のために利用するだけの悪質な興行主・ブラッターとそれに追従する連中と対決すべきだ。

最後に、優れたドキュメンタリー『盗まれたワールドカップ』の著者、ヤロップの怒りを込めた声を聞こう。

サッカーは美しいスポーツであった。階級差がなく、人種偏見がなく統一されていた。サッカーは世界言語をもたらしてくれた。サッカーはすばらしい理想を与えてくれた。サッカーはさまざまな意味で、人生とはどう送るべきかの例を見せてくれた。

サッカーは清廉であったし、誠実であったし、倫理とモラルがあった。しかし、もはやそうではない。彼らはすべてを盗み取ってしまったのだ。彼らはサッカーを盗んだのだ。

2章

サッカー・ワールドカップ放送権暴騰の背景とその波紋

FIFAの実態

スイス・チューリッヒにあるFIFA（国際サッカー連盟）本部が「王宮」とか「宮廷」、そしてFIFA会長のポストが「玉座」と呼ばれるようになったのは、一九七四年、アベランジェ氏（ブラジル）がFIFA会長のポストに就いてからであろう。

ラテンアメリカの代表的作家・ジャーナリストであるエドゥアルド・ガレアーノ（ウルグアイ）は、著書『スタジアムの神と悪魔』のなかでこう記している。

一九七四年、ずいぶんと山登りを重ねた挙句、ジャン・マリー・ファスタン・ゴドブロイド＝アヴェランジェは、FIFAの頂上を征服した。そしてこう公言した。

「私はサッカーという名の製品を売りにきた」

以来アヴェランジェは、世界のサッカーに絶対的権力を振るう。もはや玉座から身を剥がすこともなく、取巻きの廷臣たちは、欲に凝り固まったテクノクラートばかりとなって、アヴェランジェは、チューリッヒの王宮に鎮座まします。国連よりも多くの国々を従え、ローマ法王より頻繁に外遊し、どんな戦争の英雄をも凌ぐ勲功に輝く。

（『スタジアムの神と悪魔』みすず書房）

当のアベランジェ氏も自らを「王」であるかのように思い込んでいるらしい。イギリスのノンフィクションライター、デヴィッド・ヤロップの著書『盗まれたワールドカップ』（アーティストハウス刊）のなかでアベランジェ氏自らこう語っている。

わたしはエリツィン大統領の招きで、二回ロシアへ行っている。ポーランドでは大統領と過ごした。一九九〇年のワールドカップ・イタリア大会の際には、ローマ教皇ヨハネ・パウロ二世に会い、サウジアラビアへ行ったときにはファハド国王にすばらしい歓迎を受けた。ベルギーではアルバート国王と一時間半、話し合いをした。一国の長がだれにでもこれだけの時間を割いてくれると思うかね？　敬意だ。ＦＩＦＡの力だよ。わたしはどこの大統領とも話ができる。彼らは、大統領に話すのと同じようにわたしと話をする。彼らは彼らの力を、わたしはわたしの力を手に入れた。それは、サッカーの力、世界最大の力だ。

（『盗まれたワールドカップ』アーティストハウス）

二四年間にわたって玉座を堅持したアベランジェ会長の権力者ぶりを理解することなしにはＦＩＦＡは語れないのだ。アベランジェ会長は、一貫してサッカー帝国の拡大を目指し、そのことによってより支配力を強めていった。八二年のワールドカップ・スペイン大会からそれまで一六カ国だった出場枠を二四カ国に、さらに九八年のフランス大会から三二カ国に増やした。一方、九四年のワールドカップをサッカー不毛地域とされてきたアメリカで開催したのも、サッカーの普及を大義名分にしながら、実際には世界最大の市場への進出がアベランジェ会長の狙いだった。

ワールドカップなど従来からのＦＩＦＡ主催の国際大会に加えてアベランジェ会長は、ＦＩＦＡコカコーラカップ、ＦＩＦＡフットサル世界選手権、ＦＩＦＡ女子サッカー世界選手権、ＦＩＦＡＵ―17世界選手権を創設した。もちろん、イベントを増やすことによって、スポンサーシップなどマーケティングも拡大し多国籍企業から巨額なカネがＦＩＦＡに流れ込んだ。そのマーケティングの権利を一手に握ったのがＩＳＬだった。

ＩＳＬは、スポーツグッズメーカー・アディダスのオーナー、ホルスト・ダスラー（故人）の設立したスポーツビジネス会社「スポリス」（五一％）と電通（四九％）が共同出資して創設された。ダスラーとアベランジェ両氏は、親密な関係を結びＦＩＦＡとＩＳＬとが結託してワールドカップをはじめサッカーの国際的イベントに関連したビジネスを一気に拡大していった。そうして築かれた豊かな財政基盤によってアベランジェ会長の玉座は、より強固になったのである。

しかし、九六年、その王宮と玉座を揺さぶる事態が起きた。アベランジェ会長の独裁者的なやりかたに対してUEFA（ヨーロッパ・サッカー連盟）のレナート・ヨハンソン会長（スウェーデン）を旗頭とするヨーロッパ勢は、九五年夏にFIFAの運営民主化を求める「ビジョン・ワン」と称する改革案を突きつけ、その後も反発を強め玉座から引き下ろす動きに出たのだ。ヨーロッパ勢が抗争材料に利用したのは、二〇〇二年ワールドカップ開催地と九八年以降のワールドカップ放送権問題であった。

アベランジェ会長の独断で売られた放送権

九六年五月三一日のFIFA総会で二〇〇二年ワールドカップ開催地が選ばれることが決まっていた。日韓両国の招致競争は、かつてない規模の金品が飛び交う汚い買収合戦となり泥沼化していた。日本側がアベランジェ会長を頼みにしていたのに対して韓国側は、UEFAのヨハンソン氏率いるヨーロッパ勢を味方に付けた。

この招致競争のなかで主導権を握ったのはアジアサッカー連盟から選出された鄭夢準FIFA副会長（大韓サッカー協会会長）を中心とする韓国側だった。選挙が間近に迫ると鄭副会長は、単独開催から「韓日共同開催」へ方針を転換し、ヨハンソン氏を動かし、「共同開催」をアベランジェ会長に提案させた。アベランジェ会長は、「FIFAの規則は共催を認めていない」と提案を突っぱね日本の単独開催に固執した。しかし、ヨーロッパ勢の激しい攻勢に包囲され、さすがのアベランジェ会長も自らの玉座が危うくなったことを悟り、選挙当日「共同開催案」を認めた。こうして九六年五月三一日、FIFAは二〇〇二年ワールドカップの日韓共同開催を正式に決定した。

また、UEFAは、ワールドカップの放送権とマーケティング権に競争的な手法を採用し収益を増やすこと、収益金の分配を透明にし均等化すること、などの点を主張した。

ワールドカップの放送権料は、オリンピック放送権料に比べて確かに安かった。それは、放送権をマーケティングの対象とする考え方が確立していなかったこともあろう。それより、世界中の人にワールドカップを観てもらうことをアベランジェ会長が優先させたことによるものと考えられる。

七八年アルゼンチン大会から九八年フランス大会までの放送権の有り様について、ABU(アジア・太平洋放送連合)の一員として活動したNHK関係者は、こう指摘する。

「七八年からの二〇年間は、テレビ局にとってベストだった、といえるでしょう。放送権料が安いうえに、その内容も地上波、衛星波、ハイビジョンなどすべてにわたり、国内のニュース映像許諾権、中継権再販売を含む広範な独占権でしたから」

ワールドカップの放送権についてFIFAは、ITC(国際テレビコンソーシアム)と契約してきた。ITCは、EBU(ヨーロッパ放送連合)を中心にOTI(中南米放送連合)、ABU(アジア・太平洋放送連合)、URTNA(アフリカ放送連合)などの連合体である。

七八年アルゼンチン大会から九八年フランス大会までの六大会についてITCが支払った放送権料は、総額四億五〇五〇万スイスフラン(そのうちNHKの放送権料は、二一二六万スイスフランであった。これは、八四年ロサンゼルス・オリンピックから急騰した放送権料に比べて桁外れに安かった。

九八年フランス大会以降の放送権について、ITCは、二〇〇二年、二〇〇六年、二〇一〇年の三大会を一括して契約することをFIFAに提案した。しかし、この案は一蹴され、ITCに対抗してキルヒメディアグループ（ドイツ）、ISL、CWL（スイスのスポーツビジネス会社）などが放送権獲得に乗り出した。そして、アベランジェ会長は、自らの意向で放送権の売却先を決めた。

アベランジェの傲慢さと、民主主義をいっさい無視した、あきれ果てる例は、ワールドカップのテレビ放送権を自分の気に入った候補、ドイツのメディア企業、トーラス・フィルム／キルヒ・グルッペとそのスイスのパートナー、スポリスとの共同事業体に与えたやり方だった。FIFA財政委員会への照会は最低限に抑え、ほかのグループとの話し合いはいっさいなかった。それより前にあった十億ドルの付け値は、あっさり無視し、しかもその上、アベランジェ－ブラッター（当時FIFA事務局長）コンビは、ワールドカップ二〇〇二年だけでなく、二〇〇六年の権利も売ったのだ。

（『盗まれたワールドカップ』）

ＦＩＦＡがキルヒ・スポリスグループに売った放送権料は、二〇〇二年大会一三億スイスフラン（決定時で約一三〇〇億円）、二〇〇六年大会が一五億スイスフラン（同約一五〇〇億円）だった。二〇〇二年だけでも七八年大会からの六大会放送権料総額の約三倍で、高騰どころかまさに暴騰というしかない。法外な金額を引き出したアベランジェ会長の狙いは、九八年六月の会長選挙に向けて選挙戦を有利に展開することにあった、と指摘されている。

難航した放送権交渉

市場価値を根拠にするわけでなく、単にアベランジェ会長の思惑だけで放送権料を決めるというのは、常軌を逸している。換言すれば、アベランジェ会長は自分の金権体質を丸出しにしたといえよう。

放送権を獲得したものの法外な放送権料を回収するだけでなく利益も生み出さなければならないキルヒ・スポリスグループは、当然のごとく、各国のテレビ局に巨額を提示した。

放送権交渉に当たって契約の重複を防ぐためヨーロッパをキルヒの委託した「プリズマ」、その他地域をスポリスの関連会社「ＩＳＬ」がそれぞれ分担した。交渉の推移を羅列的に記してみる。

九九年に二大会の契約が成立したのは、スペインの「ビア・デジタル」（衛星放送企業）、ブラジルの「ＴＶグローボ」など。

二〇〇一年には、ドイツの「ＡＲＤ」、「ＺＤＦ」が二〇〇二年大会の決勝、準決勝、ドイツ代表戦など七試合を含む二五試合を二億五〇〇〇万ドイツマルク(約一三九億円)で合意。イギリスのBBC、ITVは二大会を一億六〇〇〇万ポンド（約二八八億円）で合意。イタリアのRAIは、二〇〇二年大会全試合と二〇〇六年大会二五試合を二九九〇億リラ（約一七六億円）で合意。

以上のような経緯のなかで注目すべきは、一つには「ビア・デジタル」のケース。スポーツ・プロデューサーの杉山茂氏は、こう指摘する。

「ビア・デジタル」の放送開始は九七年九月。つまり、放送権交渉が白熱していた時に、この局は、まだ一秒の電波も、番組も送り出していなかったのだ。同国の大手テレコムが主導する局とはいえ、新時代のドラマの幕があっという間にあけ、なじみはないが資本にも恵まれた新顔の役者が主役で登場したようなものだ。

（メディア総研ブックレット『スポーツ放送権ビジネス最前線』花伝社）

もう一つは、BBCやRAIが粘り勝ちしたこと。ITC加盟ユニオンに所属している地上波テレビ局は、あまりに放送権料が巨額過ぎることに反発した。なかには、スイスのSRGのように放送を断念するところも出てきたがBBCやRAIは、プリズマの提示を飲まなかった。その背景には、放送法に規定された「ユニバーサル・アクセス権」(だれもが観られる権利）の後ろ押しがあった。

ＢＢＣの例をあげると、プリズマは二〇〇二年大会だけで一億七〇〇〇万ポンド（約三〇六億円）を提示していた。それを二大会で一億六〇〇〇万ポンドにまで引き下げさせたわけである。プリズマ側が計算高くふっかけていたというよりＢＢＣ側の粘り勝ちと見るのが妥当であろう。

さて、日本のテレビ局との交渉はどうであったか。ＩＳＬが日本のテレビ局に望んだのは、二大会六〇〇億円といわれた。ワールドカップに関して初めて窓口となったジャパンコンソーシアムが二〇〇二年大会に限定した交渉を要望したのに対してＩＳＬは、九九年に二〇〇二年大会だけで二五〇億円を提示。一時は交渉が暗礁に乗り上げたが二〇〇〇年九月にＣＳ放送の「スカイパーフェクＴＶ」が全六四試合の独占放送権（推定一三〇億円）を取得したことを公表した。同年一一月ジャパンコンソーシアムも四〇試合の地上波とＢＳハイビジョンの放送権（推定六六億円）を得た、と発表した。

この契約について、ジャパンコンソーシアムの関係者の間では、「よく抑えられた。交渉の成果はあった」という声が多かった。ただ、ハイビジョン制作は日本側が負担するのをはじめ細かいところでＩＳＬ側が権利を切り売りするために上乗せする金額は膨らんでいった。その挙げ句に二〇〇一年三月、ＩＳＬそのものが経営破たんしてしまい、詰めの交渉を頓挫させる事態に陥った。テニス・ＡＴＰツアーのマーケティング権を長期契約するなど手を広げすぎたのが経営破たんの原因といわれる。ともかく、マーケティングについてはＦＩＦＡが新たに「ＦＩＦＡマーケティング」を創設、放送権についてはキルヒ・スポリスグループが引き継ぐかたちでその経営破たんをカバーすることになった。とはいえ、ＩＳＬの経営破たんによる損害などの影響が広範に及ぶのは避けられないであろう。

放送権争奪で優位に立つ有料テレビ

スポーツ組織にとって放送権は、そのスポーツをより振興、普及させるための貴重な権利である。ワールドカップの放送権にしてもサッカーの振興・普及のために、より多くの人に観戦してもらう、という理念にもとづいてＦＩＦＡは、二〇年間にわたってＩＴＣといわばパートナーシップの関係を維持してきたといえよう。ＩＴＣの世界規模のネットワークによる放送があったればこそワールドカップが今日のようにビッグイベントとして認められるようになったのだ。しかし、アベランジェ会長は、理念を放棄するとともにＩＴＣとの関係で築いた過去の実績も無視し、放送権を打ち出の小槌と考え、より高い値を付けたところに売ったのだ。九八年六月、アベランジェ氏の後任に選ばれたジョセフ・ブラッター会長（スイス）も同じ考えだ。

一方、法外な金額で放送権を取得した、キルヒ・スポリスグループは、当然、いかに利益をあげるかというビジネスしか考えない。そして、利益確保のために資金力に限界(受信料や広告収入)のある地上波テレビ局を相手にせず、キャッシュフローの大きい有料テレビをターゲットにして放送権を販売するのが契約時点からの狙いだったと思われる。

ワールドカップという優良なソフトの争奪に巨額のテレビマネーが集中するなかで優位に立って

きたのは、資金力の豊富な有料テレビ局である。しかし、有料テレビ局が放送権を独占することによって、カネを出せない人はスポーツ中継を観戦する機会を失ってしまうという重大な問題も生じる。そこで、「ユニバーサル・アクセス権」が重要な意味をもってくる。しかし、日本の場合、「ユニバーサル・アクセス権」について、十分な議論がなされていない。それは、「ユニバーサル・アクセス権」を云々するだけ、日本では日常生活にスポーツが深く根差していない、スポーツが文化として成熟していない、という見方が支配的だからであろう。

しかし、「ユニバーサル・アクセス権」を支えているのは、スポーツの持つ公益性、公共性を尊重しなければならないとする思想である。そうした思想を広く一般市民が理解するようになるためにもテレビ局の公共性とも合わせて「ユニバーサル・アクセス権」の持つ意義について突っ込んだ議論が必要であろう。

3章

これが平和の祭典か――ソルトレーク冬季オリンピックのまやかし

檻の中のオリンピック

二〇〇二年年一月一一日、ＪＯＣ（日本オリンピック委員会）理事会である決定がなされた。それは、ソルトレーク冬季オリンピックへの炭疽菌用ガスマスクの持ち込みを取り止めることだった。

二〇〇一年九月一一日の同時多発テロと米国によるアフガニスタンへの報復攻撃を契機として国際大会不参加の競技団体が相次いだ。あわてたＪＯＣは、二月八日に開幕するソルトレーク冬季オリンピックに向けて急遽「ＪＯＣ危機管理マニュアル」を策定し、一二月末に発表した。

この「危機管理マニュアル」づくりに取り組んでいる最中に「炭疽菌専用のガスマスクを無料で提供したい。宣伝の意図は一切ない」と、ある企業から申し出があった。ＪＯＣは、「備えあれば憂いなし」ということで、この申し出に飛びついた。ただし、ＪＯＣとしては「万が一のことを考えて持っていくので大げさにすることではない」と判断し公表しなかった。しかし、ある理事のオフレコ情報を通信社が記事にして配信したことから米国のワシントンポスト紙は、「過剰反応」という見方でこれを取り上げ騒ぎになってしまった。その反響の大きさに恐れおののいたＪＯＣは、「米国が威信をかけてテロ対策を講じているのを逆なですることになる」と、ガスマスクの持ち込みをあっさり取り止めにしたのだ。

ＪＯＣ関係者のなかには、こんな声もあった。

「ガスマスクをつけて入場行進をするわけでもないし、万全の警備体勢だといっても何が起こるかわかりませんから持っていけばよかったんですよ。他国の選手団でも独自に様々な対策を考えているわけですから」

同時多発テロに対してブッシュ大統領は、国際法のルールに則った措置など一切考慮せず、「テロリズムの根絶」をスローガンにしてアフガニスタンへの報復攻撃を始めた。その正当性のない非道で残虐な報復攻撃によって新たなテロが誘発されるという悪循環に陥るのは明らかだ。ソルトレーク冬季オリンピックがテロのターゲットにされる可能性を生み出したのも他ならぬブッシュ大統領なのだ。

米国によるアフガニスタンへの報復攻撃開始の時点で、「戦争当事国でオリンピックを開催するのは好ましくない。見送るべきだ」というＩＯＣ（国際オリンピック委員会）委員の声が上がったにもかかわらず、ロゲＩＯＣ会長ら執行部はこれを封殺した。そして、「テロに屈しないことを表すためにも大会は開催する」と強調した。その結果、ソルトレーク冬季オリンピックは、オリンピック史上例のない異常事態のなかで開催されることになったのだ。

新聞報道によるとソルトレーク冬季オリンピックのテロ対策に三億ドルが投じられたという。州兵や警察官など一万五〇〇〇人が動員されたほか、競技会場などは高さ二メートルの金網で囲われ、要所要所には監視カメラが設置されるなど、厳戒体制が敷かれた。ソルトレーク冬季オリンピックは、テロの脅威に晒されながらの「檻の中のオリンピック」になってしまった。

大会組織委員会(以下、SLOC)がどれだけ「安全」を強調しても、テロの脅威を拭いきれないと判断して大会への参加を取り止める選手も出てきた。ブッシュ大統領に追従する小泉純一郎首相の姿勢も手伝ってJOCは、米国の反応にもろくも引き下がってガスマスク持ち込みを断念したが他国の選手団は、公然と炭疽菌などの生物化学兵器用の治療薬を持ち込んだり、警備要員を雇ったりして独自の対策を講じた。

ブッシュ政権の政治的プロパガンダの舞台

異常なのは、「檻の中のオリンピック」というだけではなかった。USOC(米国オリンピック委員会)は、SLOCを動かし開会式をブッシュ政権の政治的なプロパガンダの舞台としてセッティングさせた。その一つは、ブッシュ大統領が自ら開会宣言をすることだった。過去、三回米国内で開催された冬季オリンピックに一度も大統領は出席せず知事や副大統領が開会宣言を行なっている。ちなみに、過去の開会宣言者は一九三二年レークプラシッド大会は、ルーズベルト・ニューヨーク州知事(後に大統領に就任)、六〇年スコーバレー大会は、ニクソン副大統領、八〇年レークプラシッド大会は、モンデール副大統領だった。

ブッシュ大統領が過去の恒例を破って大統領として初めて開会を宣言するのは、もちろん、政治的効果を計算してのことだった。開会式でブッシュ大統領は、スポットライトを当てられながらわざわざ会場を歩くという演出によって主役に祭り上げられた。そのうえ、したたかにもブッシュ大統領は、開会宣言でオリンピック憲章の規定を破り宣言文に、「誇り高く、優雅なこの国を代表して」という言葉を付け加えた。事前にチェックをしなかったIOCの怠慢もあって、ブッシュ大統領は、オリンピック憲章など歯牙にもかけず狙いどおり愛国心を煽るのにまんまと成功したのだった。IOC内部でブッシュ大統領の開会宣言を批判する声もあったようだがすべては後の祭りだった。

もう一つは、崩壊した世界貿易センタービルの瓦礫のなかから見つけだされた裂けた星条旗を米国選手団が掲げて入場行進する、というものだった。USOCから出されたその提案をIOCは、一度拒否した。それを認めればいたずらに米国の愛国心を煽ることになるのは明らかであり、IOCの拒否は当然だった。

しかし、USOCをはじめ米国の保守的なメディアまでがIOCの決定を激しく非難した。その動きに揺さぶられIOCは、USOC関係者などを含めての議論のすえに、開会式で星条旗を披露することを認めた。こうした経緯を踏まえて朝日新聞（二月一〇日付け朝刊）は、「IOCの全面敗北」と報じた。ブッシュ大統領の開会宣言やこの星条旗問題でのIOCの敗北は、換言すればオリンピック運動にとっての敗北をも意味した。

一九三六年、ヒットラーがナチスドイツのプロパガンダにベルリン・オリンピックを利用したのを思い起こさせるほどソルトレーク冬季オリンピックは、「平和の祭典」のまやかしを露骨にさらけ出した。

七〇〇万人が飢えと寒さに苦しむアフガニスタンを情け容赦なく報復攻撃し多くの無辜の民を殺戮し続けている米国で「平和の祭典」などあり得ようはずがない。それにもかかわらず、開会式でのブッシュ大統領など「やりすぎ」を批判する新聞や週刊誌の報道が若干あるものの、そのまやかしをラディカルに追及し暴き出そうとするメディアはほとんどなかった。とくに、NHKは、開会式の中継のなかで、裂けた星条旗の仰々しい入場とブッシュ大統領の開会宣言で米国の愛国心が煽られるのを観衆が団結した感動的な光景ととらえる表現の仕方だった。

それは、ブッシュ大統領に追従しアフガニスタン報復攻撃の現実を完全に黙殺したことを意味した。

要するに、「みんなみせます」というNHKの前宣伝は日本選手の出場する競技を中心に中継をするだけのことで、批判や追及の報道を一切しないことを最初から決めていたとしか思えない。実際、ソルトレーク冬季オリンピックの現実について伝えるべきことを意図的に隠蔽してしまった。それればかりでなく、日本選手に期待する視聴者の声をファックスで送らせ、「がんばれニッポン!」と煽った。民放にいたっては、国際的なスポーツイベントの番組づくりの常套となっている特別キャスターを仕立てて、これまた、「がんばれニッポン！」と大合唱し、大騒ぎをするという、いつものパターンと変わりのない放送に終始した。競技の全体を伝えることもなく、日本選手についてだけドラマチックに誇張して報じるテレビ番組を観てジャーナリズムの劣化どころか報道機関であることを放棄してしまったのではないかとさえ思った。

もりあがらない結団式

ソルトレーク冬季オリンピックに出場する日本代表選手は、一〇九人であった。そのうち、二月二日に行なわれた日本選手団の結団式に参加した選手は二三人しかいなかった。それは、多くの選手が海外の競技大会で転戦したり、海外で最終調整をしており、結団式のためにわざわざ帰国することを拒んだ結果だった。

欠席選手の多いことにＪＯＣ幹部らは、苦々しい思いを抱いたに違いない。なにしろ、オリンピックの結団式は、夏季大会には皇太子、冬季大会には宮家のだれか（今回は、秋篠宮）が出席し、団旗（国旗）を選手団へ手渡し、日本のために頑張ることを誓わせる伝統的儀式だからだ。そのうえ、結団式後の壮行会に小泉純一郎首相が出席するというのでＪＯＣは、選手の参加を呼びかけていた。小泉首相がそうした場に出席するのは、もちろん自己ＰＲの狙いがあるだろう。そればかりでなく、「がんばれニッポン！」と発破をかけ、選手団のナショナリズムを喚起する意図も見え見えだ。

周知のように小泉首相は、ブッシュ大統領のアフガニスタンへの報復攻撃に追従し、憲法を踏みにじる「テロ対策特別措置法」を強引にとおして集団自衛権への道を開き、さらに有事法制の成立を目指している。そうしたネオ・ナショナリズムの先兵役をオリンピックの舞台で日本選手団が果たしてくれることを小泉首相は、期待したに違いない。

ＪＯＣの必死の呼びかけにもかかわらず、その結果は、くだんのごとき有様で、さすがにＪＯＣ関係者のなかから、こんな声も聞かれた。「昔と違っていまの選手たちにとっては結団式はあまり意味がないんでしょうね。結団式の必要があるかどうか見直すべきかもしれません」

オリンピック憲章には、「オリンピック競技大会は個人やチームのあいだで競われるものであって国のあいだで競われるものではない」と規定されている。その規定からいって国旗を戴いて日本のためにメダル獲得を目指すことを誓わせせられる結団式そのものが憲章違反なのだ。結団式を意味ないものと考えるのは正当であり、そういう選手がどんどん増えることこそ望まれる。

一方、二〇〇一年急死した八木祐四郎氏の後任として新ＪＯＣ会長に就任した竹田恒和氏は、就任してまもなく同時多発テロとそれに対する報復攻撃という事態に直面し、ソルトレーク冬季オリンピックについての態度表明を迫られた。ＪＯＣのなかでは数少ない国際派といわれる竹田新会長だけに、その見解が注目された。しかし、竹田新会長は、米国のアフガニスタン報復攻撃には一切触れず、「平和な社会を取り戻すためにオリンピックは開催すべきだ。安全に選手を送り込むのがわれわれの役割だ」というだけだった。

また、メダル勘定をメディアに問われて、竹田新会長は、単純に長野冬季オリンピックの成績から「金メダル三個を含めて一〇個のメダル獲得」を口にした。歴代のJOC会長もオリンピックのたびにメディアの問いに答えてメダル勘定を公表してきた。ただ、今回は、これまでと違ってメダル獲得が重大な課題としてのしかかっている。というのも、二〇〇一年、文部科学省が策定した「スポーツ振興基本計画」のなかで主要課題の一つとして「メダル獲得率のアップ」があげられている。そして、メダル獲得率の実績が二〇〇二年からはじまるサッカーくじ収益の分配に影響するのだ。

スポーツ振興に結びつかないことが明らかなメダル獲得率アップを基本計画の柱に据え、そのための財源にサッカーくじの収益を当てるというのは、極めつけの愚策である。その文部科学省の愚策に追従して分配金にあやかろうと血眼になっているJOCも劣らず愚かだ。

さて、現地からのJOCに入った情報によると、日本選手団の意気は一向に上がってないらしい。また、JOCをはじめ競技団関係者や選手の家族、外国の競技団体関係者などのホスピタリティーとテロ対策の司令塔の役割を果たすために選手村近くに設けられた「ジャパンハウス」には、JOC関係者とデンバー総領事館職員など一〇人が常時待機しているものの訪れるものも少なく閑散としていたという。

「ブッシュ大統領が〝悪の枢軸国〟発言をしたことで強い反発を浴びているようですが、日本はテロのターゲットから外されている、と米国側は見ているようで警戒体勢もそれほど厳しくないよ

うです。ただ、今後何が起こるかわかりませんから気は抜けません」（ＪＯＣ関係者）

ソルトレーク冬季オリンピックは、「平和の祭典」のまやかしをさらけだし、オリンピックの存在意義を根底から覆す大会として記憶に深く刻みつけておかねばならない大会となった。

4章

原発推進のお先棒を担ぐスポーツ界の貧困な思想

Jヴィレッジは原発増設の見返り

「スーパーひたち号」に乗ると約二時間半ぐらいでJR常磐線・広野駅に着く。そこからタクシーに乗り一〇分足らずのところにサッカーのナショナルトレーニングセンター「Jヴィレッジ」がある。二〇〇二年のサッカー・ワールドカップ前には同施設の近くに常磐高速道路のインターチェンジができるので車の便もよくなるという。

その大規模な施設を目の当たりにして、建設計画についての報道に接したときの強烈な印象がよみがえってきた。原子力発電所(以下、原発)の増設の見返りに東京電力が一三〇億円を投じて巨大なサッカー施設を建設して福島県へ寄付するという内容であった。当時、東京新聞夕刊にコラムを連載していたので、さっそく、そのことを取り上げ、スポーツを利用した東京電力の巧妙な戦略はもちろんのこと、それに便乗する県や日本サッカー協会を批判した。それから六年を経過し、同施設がオープンしてすでに二年九カ月という。施設の説明を聞くなかで改めて東京電力の企みの大きさを思い知らされた。

同施設は、福島県双葉郡の楢葉町と広野町とにまたがる町有地四九ヘクタール（東京ドーム一〇個分）を切り開いて建設されている。主な施設を列挙すると、天然芝のスタジアム（五〇〇〇人収容）やピッチ一一面、人口芝のフィールドやフットサル用ピッチ、雨天練習場、スポーツジム（ウエイト・トレーニングジム、温水プールなど）、多目的アリーナ、ホテル（二六二人収容）などなど。総工費一三〇億円というだけあって、トレーニング・センターとして必要なものは完備されている。

案内をしてくれた東京電力からの出向職員は、原発の増設の見返りということには一切触れず、施設の成り立ちについて概要に書かれていることをそっくり繰り返して説明した。その概要には、こう記されている。

明治時代より福島県から首都圏への電力供給が始まり、現在も首都圏への日常生活や経済活動には、福島県からの電力供給が欠くことのできないものになっています。このような〝電力〟が結ぶ首都圏と福島県との歴史ある特別な関係を今後もより強めていくために、東京電力は福島県の広域的・恒久的な地域振興に貢献していくこととしております。その中で、生活志向のスポーツを地域社会に根づかせ、豊かなライフスタイルを創出するという〝百年構想〟に取り組む日本サッカー協会・Ｊリーグの理解と協力を得られて、この「Ｊヴィレッジ」が誕生しました。

Ｊヴィレッジを運営するのは、第三セクターの株式会社・日本フットボールヴィレッジ。資本金四億九〇〇〇万円で東京電力、福島県、日本サッカー協会・Ｊリーグがそれぞれ一〇％、そのほか日立、東芝などの企業、地元メディア、町村などが出資している。社長は佐藤栄佐久福島県知事、副社長は日本サッカー協会と東京電力からの出向者、取締役のほとんどが東京電力、福島県、日本サッカー協会の関係者、となっている。

オープン以来の実績は、総来場者数一四七万人。サッカーとして利用したチームは、二九〇〇、選手二〇万六〇〇〇人（そのうち宿泊者一三万人）。一九九九年一〇月には、天皇・皇后がここに宿泊、いい宣伝になったらしい。年間運営費一〇億円に対して収入は一〇億円強（うち企業協賛金三億円）で大体均衡しているという。

「第三セクターの多くは赤字といわれるなかで黒字を出していますから、事業として順調といえるでしょう」

と職員は、自慢そうに話す。

しかし、ここを訪れた約一五〇万の人たちは、福島第一原発の七、八号機増設の見返りという東京電力からの危険きわまりないプレゼントであることを知らされていない。また、第二原発の炉心から一〇キロぐらいの距離にあるということも知らされていない。原子力安全委員会は、炉心から一〇キロを防災重点地域と規定しており、同施設もその指定地域に入る可能性がある。さらに原発の増設に反対して運動を展開している多くの市民がいることも知らないであろう。

動燃の高速増殖炉「もんじゅ」の事故、被爆による死者までだしたJCOの臨界事故などによって政府の唱えてきた原子力の安全性は完全に崩れた。反原発、脱原発の市民運動も一層拡大している。そのような状況のなかで同施設に対する批判の声も一段と高まっている。

九四年八月二二日、東京電力は、県に福島第一原発の増設に伴う環境影響調査を九五年四月から実施することを申し入れるとともに、それとは関係なく、お世話になっているのでサッカーの施設を寄贈したい、と提案した。

原発のすぐ近くでサッカー？

原発反対運動の市民組織である「脱原発福島ネットワーク」は、この東電の提案に対して即座に反対の声を上げた。同ネットワークの中心メンバーとして活動してきた佐藤和良氏は、これまでの経緯を振り返りこう指摘する。

「東電も知事も原発の増設は増設、サッカー施設はサッカー施設で別々のもの。サッカー施設は原発増設の見返りではない、と言い続けています。しかし、セットで提案されたことからみても原発増設の見返りにサッカー施設を寄付するというのは明らかです。電力会社が常套手段としているアメとムチというやつです。Jリーグやワールドカップなどサッカーブームを利用してサッカー施設を寄付するという、これまでのハコモノから目先を変えるのが狙いでしょう。しかし、通産省でさえ公益事業として適切かどうか疑問視していたぐらいで、サッカー施設の建設費一三〇億円は、原発増設費に組み込まれるというしくみになっているんです。つまり、電気料金に算入される。とんでもないことです。だいたいワールドカップのときに原発事故が起きたらどうするんでしょうね」

同ネットワークは、機関誌「アサツユ」なども活用して反対の声を広げていった。その紙面は怒りの声で埋め尽くされている。

これまで双葉町民はじめ多くの福島県民が増設に反対し、町や県に陳情や署名の提出を行なってきました。周辺市町村でも反対の意見書が採択され、東電に対して全国から計画の中止を求める声が寄せられてきました。にもかかわらず、東電は県に申し入れる三日前に自民党県連に事前に要請を行ない、当日社長は先に首相官邸に出向くなど徹底した住民無視、県民世論無視の挙に出たのです。許せるものではありません。

県に問いたい。二〇〇二年のワールドカップ招致のために、なぜ福島県民がこれ以上の原発を受け入れなければいけないのか？　なぜ福島県民が東電のために未来永劫放射能の危険にさらされなければいけないのか？

通産省と東電の巧妙な罠にはまり、一七〇億円の波及効果と東電に説明されて、県や町などは舞い上がっている。しかし、ブームがされば、住民、県民には逆にお荷物になる可能性だってある。サッカー施設と引き替えに増設に応じてほんとうにいいのか？　福島県民を愚弄した今度の取り引きにまんまと乗っていいのか？　それでは「金のためなら何でもする」という拝金主義そのものではないか。原発依存の麻薬性から脱却できなくなるばかりか、サッカーを愛する子どもたちの教育にもよくないではないか。目先の利害で、子孫の未来まで売り渡していいのか。

ネットワークの人たちは、生命や生活という根源から叫び、訴えている。

県は、こうした叫びや訴えを無視し、東電の言うがままに原発増設のための環境影響調査実施を認めるとともにナショナル・トレーニングセンターを受け入れた。一方、日本サッカー協会やJリーグは、反対の叫びや訴えにまったく無関心で、思いも掛けないプレゼントに、ただただ欣喜雀躍するだけだった。

同施設のオープンに際してJリーグ・チェアマンの川淵三郎氏は、次のようなメッセージを寄せている。

このたび、福島県に「Jヴィレッジ」がオープンすることは、Jリーグにとっても大変嬉しいことです。日本にJリーグが誕生して五年目を迎えた今年、我々は新たなスローガンとして

「Ｊリーグ百年構想」を打ち出しました。これは、誰もが気軽にスポーツを楽しめる環境を全国に広げていきたいという、Ｊリーグの基本理念を具現化するための活動を表現しています。Ｊリーグがモデルとしたドイツには、地域ごとにスポーツシューレという充実した施設があり、老いも若きも緑の芝生の上でボールを蹴っています。そして、このような施設を日本にもつくりたいという永年の夢を実現したのが、この「Ｊヴィレッジ」なのです。

サッカーのみならずスポーツ界を代表する指導者といってもいい川淵氏にしてから原発増設と引き替えの施設であることを承知しながら内的葛藤もなく躊躇する心も持ち合わせていない。

地元の元女性教諭は、厳しく指摘する。

「スポーツの関係者は、施設ができればいい、練習するところができればいい、ということしか考えていないのではないでしょうか。サッカー関係者が直接地元住民から意見を聞いたことは一度もありません。ですから、原発による交付金づけからぬけだせないことや、原発のある間は危険をかぶりつづけなければならないことなど地元住民の痛みを感じていないと思います。スポーツ関係者がどういう考え方なのか理解できません」

地元住民の叫びや訴えと比べてみれば、百年構想として、誰もがスポーツを楽しめる環境を全国に広げる、といった言葉がどれほど薄っぺらなきれいごとでしかないか歴然とする。言い方をかえれば、スポーツ組織の指導者たちは、そうした叫びや訴えに込められた深い怒りや痛みを受け止められるだけの感性も理性も持ち合わせていないということであろう。彼らの頭のなかにあるのは、オリンピックやワールドカップなど目先のことばかりである。同施設もワールドカップの際のオフィシャル・キャンプ地に指定されるよう手を挙げている。しかし、いくらナショナルトレーニングセンターと名乗っていても、原発増設の見返りとして造られた施設であり、原発の炉心から一〇キロぐらいしか離れていないことを知ったうえでここを利用する外国チームがあるだろうか。少なくとも核に敏感な欧米諸国のチームは、拒否するであろう。

そのうえ静岡県清水市にもう一つのナショナルトレーニングセンターが建設されることになっており、Ｊヴィレッジの存在意味は、ますます希薄になるだろう。

原発増設計画の進捗状況は、一九九九年四月に出された環境影響調査報告書で絶滅の危機にあるオオタカの営巣やハヤブサなどが見つかり調査をやり直している段階である。ＪＣＯの事故などによって原発推進の考えは明らかに後退している。とはいえ、計画が中止されたわけではなく、反対運動は続けられている。

「これまで電源交付金によってホール、体育館などハコモノだけが作られてきました。ハコモノには当然ランニングコストがかかり赤字になってしまう。住民の生活基盤が果たして向上したのか疑問です。原発は核のゴミを残し、放射能による被爆の危険など迷惑施設でしかありません。度重なる事故でこれまでのバラ色の振興策といわれたものが無惨に打ち砕かれた、というのが現実でトレーニングセンターも本当の地域振興にはならないと思います」（佐藤氏）

Jヴィレッジは、スポーツが原発推進に大掛かりでしかも巧妙に利用された典型的なケースであるとともに、スポーツ組織そのものが積極的に原発のお先棒を担ぐという愚かさをさらけ出したケースとも言えよう。サッカー界の指導者たちは、こうした事態を招いた自らの思想の極端な貧困さを自己批判すべきであろう。そして、その貧困さを克服するためにスポーツ思想を根本から再構築し直す必要がある。

Jヴィレッジの問題から学ぶべき教訓は、生命や生活という根源的なものに根ざした思想でなければ説得力を持ち得ないということである。その意味から政治社会学者・栗原彬氏の言う生命圏（生命、身体、他者、自然、性、死。その延長上に、平和、環境、地球、セクシャリティー、ケア、生殖、育児、学び、健康、安全、共生、生命の尊厳、生命への畏敬など）の視座からスポーツを捉え直していくことがなによりも必要である。

5章

コクドが青森にやってくる

運営経費はなぜ膨張したか？

二〇〇三年青森冬季アジア大会の運営経費膨張問題が表面化したのは、一九九九年一一月のことである。地元紙・東奥日報のスクープ記事がきっかけであった。同紙は、経費膨張を隠していた木村知事や県行政などを厳しく追及し、一一月二一日付け朝刊には、「アジア大会は白紙にもどせ」というタイトルの社説を掲載した。県議会で承認された運営経費八億円が七倍の五六億円に膨れたことを語気鋭く糾弾する内容になっており、その一部にはこう記されている。

…木村知事は、九八年一二月に契約書にサインした。最高責任者が知らなかったではすまされない。大会運営にいくらかかるか把握しようとしなかったとすれば怠慢だ。経費膨張の可能性を知りながら契約したならば背信だ。実質的には県が財政面の全責任を負わされる。収支が赤字になっても負担が付いて回る。県民がかぶることを意味する。「国際的な信義」をたてに強行する姿勢は誤りだ。県民に対する信義違反には目をつぶる気か。

同紙は、紙面を通して経費がなぜ膨張したのか、経費膨張が分かったのは何時か、なぜ県民に経費膨張を知らせようとしなかったのか、などの点について、木村知事をはじめとする県担当者の責任を追及していった。それと同時に県議会に特別委員会が設置され、報道の後追いになりながらも経費膨張についての質疑を重ねた。木村知事や県担当者らは、「記憶にない」、「知らなかった」、「報告を受けていない」といった言い逃れでしかない答弁を繰り返した。しかし、内部資料や関係者の証言を根拠にした東奥日報の追及報道によって木村知事らの虚言が次々に暴かれていった。

報道や議会での追及で次のような点が明らかになった。一点は、経費膨張の原因が開催都市契約にあるということ。OCA(アジアオリンピック評議会)は、大会開催について開催都市との間で契約を締結することを規定している。この開催都市契約についての認識がない状態で木村知事や県は、八億円をはじき出していた。九八年一二月、正式に開催都市契約を締結した時点で木村知事や県担当者は、経費が三〇億円に膨張することを知っていた。二点は、経費膨張を知りながら木村知事らはそれを隠していた。隠した理由は、九九年一月の知事選を控えて経費膨張が表面化すれば不利な材料になると判断したからである。三点は、九九年五月から開催都市契約に関するガイドラインに対応する経費の積算作業(具体的には九四年、広島県で開催されたアジア大会の資料を参考として)が始められ、その結果、同年一一月上旬の段階で五五億八三〇〇万円の数字が出た。

木村知事や県行政の姿勢は、一貫して「よらしむべし、知らしむすべからず」という時代錯誤の統制思想を露骨に示すものであった。これに対して県民の県政への不信感はいっきに拡大し、新聞への投書やインターネットを通して「大会を返上すべきだ」という怒りにまでエスカレートしていった。しかし、そうした県民の意思を無視して木村知事は、県議会での圧倒的多数の支持を背景にして経費膨張の責任を一切明確にすることなく県議会を押し切った。三月二二日県議会最終日に木村知事は、「議会、県民にご心配を掛けたことは私の不徳の致すところであり、厚くおわび申し上げる」と陳謝。運営経費はいったん白紙にもどして新たなに積算して提示すると発言した。それまでの議論をすべて棚上げし、陳謝でことを済ませようという木村知事の傲慢不遜さにはあきれるばかりだ。

冬季アジア大会を招致したものの杜撰さやごまかし、そのうえ政党再編による政争まで絡み、「子どもや若者に希望や夢を与える」という招致のキャッチフレーズは完全に吹き飛んでしまった。木村知事をはじめ県、県議会などは決まったことだから大会は何としても開催する、といっているが県民の間に広がっている不信感を解かないままでは、大会を意義あらしめることはできまい。今、改めて大会招致の原点を問い返す必要がある。

軽薄で杜撰な計画

すべての問題の根源は、冬季アジア大会を招致する明確な根拠がなかったことにある。

青森県は、大規模な総合運動公園建設計画を決定しており、同計画を促進する意味から国際的なスポーツイベントの招致を狙っていた。二〇〇二年の日韓共催によるサッカー・ワールドカップもその一つであった。県が中心となって招致委員会を設け招致活動を展開したものの九七年三月、国内一〇カ所の枠からはずされてしまった。それからまもなくして木村知事と田名部匡県体協会長（参議院議員）がＪＯＣ（日本オリンピック委員会）を訪れ、「何か青森県に招致できる国際的なスポーツイベントはないか、ユニバシアードでもなんでもいいから」と事務局に打診した。そこで事務局関係者は、一番早く開催できるイベントとして冬季アジア大会を提案した。木村知事、田名部氏とともにその案を受け入れるとともに「ＪＯＣが青森県に大会開催を要請するかたちにしてほしい」と頼み込んだ。そこでＪＯＣは、大会開催要請のために同年六月、当時の専務理事・八木祐四郎氏を青森に派遣。ＪＯＣの要請を受けるというかたちで県は、八月に大会招致を決定し、すぐさま臨時県議会にはかり正式に招致決議を得た。

こうした経緯から分かるように冬季アジア大会招致の決め方は、まともなものではなかった。「国際的なスポーツイベントであればどのようなものでもいい」という最初の発想がすべてをいい加減なものにしていく原因になっている。イベントの内容や意義を検討するとともに大会開催に必要なコストを算出するなどして招致すべき大会であるかどうかを総合的に判断して決める、というのが正常な手順であろう。しかし、木村知事や田名部氏の頭のなかにあったのは、イベントを招致しさえすればいいということだけで、そうした手順を踏む考えはまったくなかった。その結果、招致の決定を最優先させ、イベントの内容すら検討せず、急場しのぎの予算作りをしたのだった。

この間、適切なアドバイスを何一つ行なわなかったJＯＣにも重大な責任がある。札幌で二大会を開催したとはいえ、それ以後JＯＣの冬季アジア大会への関心は、まったく薄れてしまっていた。また、ＯＣＡ（アジアオリンピック評議会）との関係も疎遠になっており、ＯＣＡの動向についてJＯＣは情況認識を決定的に欠き開催都市契約の必要性すら知らず、単なるスポーツイベントの「呼び屋」の役を果たしただけであった。

こうした、関係者たちの軽薄で杜撰な発想によって大会が招致され、県民の貴重な税金がつぎ込まれるというのは許されることではない。県民の不信感や怒りは、収まるどころか募るばかりだ。

堤氏の野望

冬季アジア大会の経費膨張問題が噴き出したのと同じ時期に、もう一つ重大な事態が起こっていた。

昨年一一月一日、木村知事が定例記者会見で地元住民や自然保護団体が強硬に反対していた岩木山麓の鰺ヶ沢スキー場の拡張計画について開発を認めることを表明したのだ。

鰺ヶ沢スキー場は、町の企業誘致によってコクド（堤義明会長）が開発し、八九年一二月から営業を始めていた。一九九九年一月二七日、コクドは、鰺ヶ沢町長へ拡張計画について要望書を出した。それによると拡張計画の目的は、同スキー場の利用者が近年三三万人に減ってきており、中・上級者コースの増設によって四〇万人の集客を確保するためとしている。また、開発効果として地元民の雇用（わずか一〇人）や商店街の需要開発など地域振興に役立つこと。さらに、冬季アジア大会への寄与も挙げている。

これを受けて町長は、木村知事に「津軽国定公園利用計画の変更」を申請した。その理由のなかに、次のような記載がある。

二〇〇三年に当県で開催される「第五回アジア冬季競技大会」では鰺ヶ沢町での開催について名乗りを上げており、現有コースと拡張コースを活かしながらの大会開催を目標とし、競技開催が実現した場合は、国際交流の更なる進展が図られるとともに、鰺ヶ沢の名が国際的に知れ渡り、その絶大な宣伝効果で今後ますます利用客の増加が見込まれます。

この文章には、堤氏の野望がそっくり透けて見える。苗場、富良野、雫石など堤氏の開発手法は、みな同じである。地元に開発の条件を整わせておいてコクドが乗り込んでいき、知名度を一気に上げるためにJOC理事、全日本スキー連盟会長の肩書きを利用して国際的なスポーツイベントを招致するというものだ。

鰺ヶ沢スキー場の拡張計画（二コースを新設。約四〇万ヘクタール）でも冬季アジア大会のスキー・フリースタイルとモーグル競技を引き込み、それを利用して開発の許認可を急がせるというやり口だ。

同計画については、拡張地域に流れる鳴沢川の流域住民で組織した「鳴沢川を守る会」が森林伐採によって自然環境の破壊をはじめ水源枯渇、土石流の危険などにつながるとして計画の中止を木村知事に要望した。また、「岩木山を考える会」、日本科学者会議青森支部、日本野鳥の会青森支部と同弘前支部なども計画中止の反対運動を起こした。

そうしたなかで県自然環境保全審議会が計画の正否を判断するうえで重要な根拠となる環境影響調査を行ない報告書を提出した。同報告書では、計画を認めることを結論としているが、審議会（三三人で構成）に加わった五人の委員から「報告書には重大な改ざんがある。公明正大に審議されていない」として再審議を求める要請書が木村知事に提出された。報告書を改ざんするなど全国でも例がなく言語道断で絶対に許されないことである。どうにでも操れる多くのメンバーを審議会に送り込んで計画を認める報告書を出させるというのが木村知事の悪質なやり方なのだ。

拡張計画中止を求める市民の反対運動が拡大しているうえに報告書の改ざんという重大問題まで持ち上がったにもかかわらず木村知事は、それらを一切無視してコクドのいうなりに拡張計画を認めてしまった。

二〇〇〇年二月八日、鰺ヶ沢スキー場に建てられた「鰺ヶ沢プリンスホテル」で堤義明コクド会長と木村守男青森県知事とが秘密会談を行なった。二〇〇三年青森冬季アジア大会の運営経費膨張問題と鰺ヶ沢スキー場拡張問題を引き起こした張本人の二人が急遽密談したということから、重大な意味を持っていたと推測される。

私利私欲のためには何でもやる倫理なき人間、というのが二人の共通点である。堤氏は、環境破壊を何とも思わないデベロッパー屋であり、木村知事は、思想信条をコロコロ変える節操のない地方の政治屋と言ってよかろう。片やスポーツ界、片や県政でそれぞれ絶大な権力を握っており、その立場を利用し結託して冬季アジア大会と鰺ヶ沢スキー場の拡張を進めてきたのである。

鰺ヶ沢での密談は、巻き起こった問題に最終決着をつけるための話し合いであったことは間違いない。というのも密談の全容はつかめないが、一部がある通信社へ漏れた。それは、「経費膨張の責任をとらせる意味で大会組織委員会事務総長を代える」という木村知事の意向に関することであった。種市哲事務総長は田名部氏の懐刀であり、また、ＪＯＣが推薦した人物でもある。その種市氏を事務総長からはずすというので田名部氏やＪＯＣが反発し事態は混乱に陥っていた。事態を収拾するために二者会談で堤氏が事務総長のポストをなくし種市氏を国際顧問とするほかＪＯＣ理事を一人事務顧問として組織委員会に加えるというＪＯＣ案をだし木村知事もこれに同意した。その場から堤氏、木村知事は八木ＪＯＣ会長へ電話をかけ、その案でいくことを再確認した。八木ＪＯＣ会長から漏れたのはこういう内容だった。

また、密談のなかで鰺ヶ沢スキー場拡張計画についても話し合われたであろうことは容易に推測できる。実際に二者会談のあと事態は急速に動き出した。三月一三日、東北森林管理局青森分局の開いた学識経験者による検討会で鰺ヶ沢スキー場拡張に必要な国有林区分見直し案が承認された。

そして三月二八日、同局は、その案を正式決定し、コクドの国有林使用を許可した。これに対して「鳴沢川を守る会」を中心に「岩木山を考える会」などの自然保護団体も支援体勢を組み、雪解けから始められるであろう拡張工事を阻止するための「工事差し止め」の訴訟を弘前地裁で起こした。

一九九九年、青森県は「スポーツ立県」を宣言した。しかし、その実態が堤コクド会長と木村知事の汚れた野望の実現にしか過ぎないことをしっかりと認識し、その野望を阻止すべく県民が立ち上がることを心から願わずにはいられない。

6章 ホルスト・ダスラーの戦略

スポーツの歴史の表舞台を飾った人物列伝からは除外されているが、経済力や政治力を駆使してスポーツ世界に多大な影響を与えた人物としてホルスト・ダスラーの名は、記憶され続ける必要がある。

ダスラーは、父親のアドルフ・ダスラーが築き上げたシューズメーカー、アディダス（父親の名から命名）を世界最大のスポーツグッズメーカーへと飛躍、発展させた。そればかりでなく、ダスラーは、権謀術数をめぐらせてＩＯＣ（国際オリンピック委員会）をはじめ、ＦＩＦＡ（国際サッカー連盟）、ＩＡＡＦ（国際陸上競技連盟）などを裏で操り、世界のスポーツ界から「闇の帝王」と呼ばれた。

一九八七年、五一歳の若さで病死したが、ダスラーの正負をあわせた多くの遺産は、死後もビジネス戦略や国際スポーツ組織での権謀術数など、さまざまな形で引き継がれている。現在、ＩＯＣをはじめとしてスポーツ界に蔓延する拝金主義、金権体質こそダスラーの負の遺産を象徴していると言えよう。「スポーツ・マフィア」と陰口をたたかれたダスラーの権謀術数のもとで、その支配下に連なったアントニオ・サマランチＩＯＣ会長、プリモ・ネビオロＩＡＡＦ会長らは、権力を握り負の遺産を引き継ぎ拡大していった。こうした経緯から見て、次のように指摘することができる。

ダスラーの繰り広げたさまざまな戦略を検証することは、現在スポーツ界の抱える深刻かつ重大な問題を解明することにつながり、また、将来にむけて克服し改革していく道筋を見出す手がかりにもなるであろう。ただ、ダスラーに関する公式の文章（自叙伝や論文など）、講演記録などがほとんどなく（私自身の調査不足かもしれないが）、不十分への批判を覚悟の上で検証を試みることにする。

アディダスの戦略

ドイツ・ミュンヘン近くの街で靴作りの職人をしていたダスラーの父アドルフがどのようにしてアディダスの基礎を築いたのか。この点について日本のスポーツグッズメーカーの幹部は、注目すべき情報を提供してくれた。

「父親は、ドイツの軍隊に軍靴を供給することによってしっかりした基礎を築いた、と聞いています。シューズメーカーが軍隊とつながりを持つというのはよくある話で、アディダスもその典型だということです」

その情報が正しいとすればアディダスの基礎作りがヒトラー率いるナチスによる軍国主義の拡大

を背景になされたということになる。

もう一つ、一九三六年に開催されたベルリン・オリンピックとアドルフの関連で重要と思われる情報もある。ヒトラーがナチスを世界に宣伝するために利用したベルリン・オリンピックで、もっとも目立つ活躍を見せたのは、アメリカの黒人選手、ジェシー・オーエンスであった。オーエンスは、陸上競技の一〇〇メートル、二〇〇メートル、四〇〇メートルリレー、走り幅跳びの四種目に全て世界新記録で優勝を飾る輝かしい成績を収めた。そのオーエンスが競技の際に履いていたのがアディダスのシューズだったという。

アドルフは、ベルリン・オリンピックの前からいろいろな陸上競技大会へ出かけていき、自ら開発した競技用シューズを有力選手に売り込んでいたともいわれる。そしてベルリン・オリンピックでオーエンスにも売り込んだのであろうが、その経緯については全く不明である。人種差別の思想を打ち出していたヒトラーは、黒人選手であるということでオーエンスに対して拒否反応を示した。そのことを考えると、オーエンスにドイツ製のシューズを履かせたというのはいかにも大胆だ。シューズを作り、それを売るということに徹していたのか、あるいはもっと大きな野望を抱いていたのか、いずれにしてもアドルフの実行したセールス方法は、斬新かつ画期的なものだった。

実力のある有名選手に履かせることで、自社製シューズをブランド商品としてプロパガンダし、広く一般人への売り込みをはかる、これがアドルフの独自に編み出した「トップダウン」といわれるビジネス戦略である。オーエンスの成功を契機にアドルフは、その戦略を一気に促進した。

一方、ダスラーも二〇歳のとき、父親から伝授されてトップダウンを実践するために一九五六年のメルボルン・オリンピックに乗り込んでいった。ダスラーの名がスポーツグッズ業界で知られるようになったのは、一九六八年のメキシコ・オリンピックの頃からだろう。この大会の際、ダスラーは、アディダスのブランドシューズを履かせるために選手に契約金を支払うことを公然と行なった。

こうしてアディダスは、トップダウン戦略の要として選手や団体との契約制度を確立したのである。他社もこぞってアディダスに追従し、トップダウンは業界全体へ急速に広がった。それとともにプロパガンダとして、より効果の高い選手やチームの獲得競争が激化し、スポーツ界は札束の乱れ飛ぶコマーシャリズムの渦に巻き込まれていった。

その当時、アディダスは、すでにシューズばかりでなく、ウェアやバッグなども商品化し、総合的なスポーツグッズメーカーとしての体勢を整え、全世界をターゲットにして市場拡大を図った。日本へは当初、兼松（商社）を通して参入した。当時、同社の経営者は、一九三二年ロサンゼルス・オリンピックの優勝者であり、一九六九年からＩＯＣ委員会に就任していた清川清二氏（故人）だった。その後、一九七〇年にスポーツグッズメーカーのデサントが兼松に替わって日本国内での製造販売契約を結んだ。

日本では、アディダス製品の中で特にブランドを示すスリーストライプ（三本線）の入ったシューズが、スポーツ愛好者の垂涎の的となり、確実に市場は拡大した。

一九七二年のミュンヘン・オリンピックは、アラブゲリラによってイスラエルの役員、選手ら一一人が殺される事件が起き、「血塗られたオリンピック」として歴史に刻まれた。その一方で、お膝元でのオリンピック大会という絶好のビジネスチャンスを得てダスラーは、アディダスの総力を注ぎ、世界各国から集まった政府要人、競技連盟のトップから選手にいたるまで徹底した接待攻勢で関心を引きつけた。こうしてアディダスの地位は揺るぎないものとなると同時に、ダスラーの存在の大きさを強く印象づけることにもなった。

ダスラー独自の新戦略

ダスラーは、ドイツを出てフランスに新しく拠点を作り、独自のビジネス戦略を展開していった。ダスラーは、なぜアディダスの本拠地であるドイツを離れたのだろうか。

ドイツに加えてフランスにも拠点を置くことによって、ビジネスチャンスを拡大することを狙ったからだ、というのが一つの見方。また、父親と意見がぶつかり、飛び出した、という話もある。フランスでの活躍ぶりから推察してアドルフとは違った独自の道を切り開きたかったのではなかろうか。ともかく、フランスでダスラーは新しいブランドを開発するなどして、アディダスのビジネスを一層拡大するのに成功した。

一九七〇年代には、テレビ技術の飛躍的な発展によって、リアルタイムでオリンピックなどが衛星中継されたのをはじめ、リプレイ、ストップモーションなどの技術開発によってスポーツは、スピードやスリルに満ちたエンターテイメントに仕上げられていった。

こうしたテレビメディアによるグローバル化によって、オリンピックなどの国際的なスポーツイベントに世界の一般大衆の関心が集まった。それとともに、東西の冷戦構造や南北問題などの国際情勢のもとで、国威発揚を狙うナショナリズムを背景に各国とも熾烈なメダル獲得競争を展開していた。

ダスラーは、そうしたスポーツイベントのグローバル化や国際情勢の動きや流れを的確に読んで思い切った戦略を繰り広げた。なかでも特筆すべきは、旧ソ連をはじめとする東欧諸国や南米にアディダスの工場を次々に建設し、設備はもちろんのこと技術者まで送り込み現地生産を実現した。

この戦略は、世界のスポーツグッズ業界に衝撃を与えた。日本の業界関係者は、こう話す。

「ダスラーの凄さを見せつけられたという印象でしたね。当時、ソ連とか東欧の社会主義国に工場を作る発想はほとんどなかったですからね。ダスラーは、見事に盲点をついた。それにしても、投資効率とか利益面でかなりリスクがあったはずで、よく実現できたと思います。どうやらダスラーは、目先の利益を追うのではなく、長期的に市場拡大を狙っていたようです。ある現地工場で利益が出た場合、普通であれば、ある部分はアディダスの取り分としてドル収入になる。ところがダスラーは、ドルが不足していることを知っていたから、それを免除し、そのかわりにその国のトップ選手たちにアディダスのブランド製品を使用させるというような条件をつけたりしたらしい。常識ではとても考えられないことです。ダスラーは単なる企業経営者というより、政商と言った方が正確でしょう」

東側諸国や発展途上国など誰も手をつけていないところに食い込んでいく過程でダスラーは、スポーツ界のリーダーをはじめ政府高官などとの間に密接な人脈を作りあげていった。おそらくダスラーは、スポーツ組織を動かす人間たちがスポーツについての哲学とは無縁な極めて保守的で強い権力志向と同時に金銭に弱いという共通した性格を持っていることを鋭く見抜いていたに違いない。ダスラーにとって、そうした性格の持ち主につけ込むのは、難しいことではなかったであろう。

ダスラーとオリンピック

血塗られたオリンピックとなったミュンヘン大会でＩＯＣ会長が五代目ブランデージ（アメリカ）から六代目キラニン（アイルランド）へ替わった。キラニン会長体制の八年間は、オリンピック史上かつてないほどの激動期となった。ミュンヘン・オリンピックでのテロ事件を皮切りとして、モントリオール・オリンピックでのアフリカ二二カ国のボイコット問題（一九七六年）、モスクワ・オリンピックでの西側諸国のボイコット問題など東西冷戦、民族問題など国際的な政治問題に翻弄され続けた。

また、一方では、オリンピックのバックボーンとされてきたアマチュアリズムも選手の専業化（国、企業、大学などからの資金援助を受けて競技に専念する）によって矛盾が拡大し、一九七四年、オリンピック憲章の参加資格規定からアマチュアの言葉が削除された。

要するに、スポーツの基盤である肉体的・道徳的資質の発展を推進すること、スポーツを通じ、相互理解の増進と友好の精神にのっとって若人を教育し、それによってより良い、より平和な世界の建設に協力すること、というオリンピック運動の理念は、有名無実となり、歯止めなき規制緩和によって「なんでもあり」の混沌とした状態に陥った。

そうした中で一九八〇年に開催されたモスクワ・オリンピックは、ダスラーが暗躍する格好の舞台ともなった。西側諸国のボイコットによって大会の権威は崩されるとともに興味を半減させた。しかし、表舞台では、退任するキラニンに替わる七代目ＩＯＣ会長の選挙をめぐる熾烈なゲームが展開され世界のスポーツ界の関心を集めた。

会長選挙に立候補したのは、マーク・ホドラー（スイス）とアントニオ・サマランチ（スペイン）の二人。ホドラーは、一九六三年以来、ＦＩＳ（国際スキー連盟）会長の座に就き、ＩＯＣでも理事、法務委員会委員長などの要職を務めていた。一方のサマランチは、ＩＯＣに出された経歴では実業家、不動産、金融のコンサルタント、それにモンゴルやソ連の駐在大使ということでスポーツ界での実績はほとんどない。サマランチがＩＯＣ委員になれたのは、ブランデージ会長に取り入ったからだ、といわれる。サマランチは、かつてスペインの内戦を経てファシズム体制を築いたフランコのもとで活躍し、カタルニア地方の首長にもなったという重要な経歴を隠していた。

人間の尊厳を踏みにじるファシズムを崇拝する元ファシストがＩＯＣ会長選に出ること自体、オリンピックを平和運動とする理念に反するとともにＩＯＣの権威を貶めることでもあった。しかし、もはや理念やモラルなき集団と化したＩＯＣ委員たちは、サマランチを選んだ。

ホドラー優勢と見られていただけにサマランチの大逆転という結果だった。この逆転劇の裏に何があったのか。

ＩＯＣの実態を鋭く暴いたアンドリュー・ジェニングス著『オリンピックの汚れた貴族』（サイエンティスト社刊）によると、サマランチは一九七四年頃からＩＯＣ会長の座を狙う野望を抱き、自ら積極的にダスラーに接近していったという。そして、いよいよ、サマランチの野望を実現する選挙を迎えてダスラーは、どうしたか。ジェニングスは、著書の中にこう記している。

「サマランチは、根回しに奔走していた。ここでもダスラーは、鍵を握る存在だった。彼は、ソビエトブロック、ラテンアメリカ、東南アジア諸国の大半のオリンピック関係者の票の取りまとめを行ない、モスクワ・オリンピックの開会前夜、一回目の投票でサマランチは会長に選出されたのだ」

また、ダスラーのもとで働いていたクリスチャン・ジャネットという人の次のような重要な証言を引き出している。

「会長就任後、サマランチは、何をするにもダスラーにアドバイスを求めていたと思います。彼は、ダスラーがアディダスを動かしてきたように、自分もＩＯＣを自在に動かしたいと望んでいたのですから」

このようなダスラーとサマランチとの関係から、ジェニングスは、アディダスが裏からIOCを操っている、と断定する。

一九八〇年七月一九日、モスクワ・オリンピックが開幕した。最終聖火ランナーに選ばれた、男子バスケットボールチーム主将・セルゲイ・ベロプが聖火台へと向かう。その時、ベロプのシューズに目をやったミズノの関係者は愕然とした。聖火ランナーのシューズに関してミズノは、オフィシャル・サプライヤー契約(すべての聖火ランナーがミズノブランドのシューズを履かなければならない)を結んでいた。ところが、ベロプが履いていたシューズは、ミズノのブランドマークのMではなく、アディダスの白い三本線のマーク(ブランドを目立たせないため白で統一するよう規制されていた)が入っていた。ダスラーが大会組織委員会を動かし契約違反を犯させて自社製のシューズを履かせたのは、間違いない。ダスラーは、大会組織委員そのものを操っていたのだ。

ダスラーに直接会った博報堂(モスクワ・オリンピックに関するマーケティング、ライセンシーの権利を取得していた)のある幹部は、興味ある話をしてくれた。

「パリにあるダスラー氏の大邸宅に招かれて本人に直接会いました。人当たりは紳士的なんですが、ビジネスの話になると目が鋭く光るという感じでしてね。食事をしながら、私の会社における地位を執拗なぐらい問われた。そして、あるビジネスについて、ここからすぐ本社に電話を入れろ、と言う。そのあたりは、凄みがありましたね。それから彼は、こう言ってました。自分は確かにワルだ。邪魔をするものは、つぶす。ただ、すべてつぶすと自分だけが悪者として目立つので、適当に他の悪者も残しておかないといけない、と。それが彼の哲学なんでしょうね。彼のライバルが運河に浮いていたり、交通事故で死んだ、という話をするんです。ぞっとしましたよ」

このような話を聞いて、ダスラーの底知れぬ深い闇の世界を垣間見る思いがした。

また、日本のメーカーのある幹部は、水着をめぐって実際にダスラーが激しい攻勢を仕掛け、競争相手のシェアを切り崩していくのをつぶさに経験したという。

水泳競技の水着で世界的に高いシェアを得ていた「SPEEDO」(オーストラリアに拠点を置くSPEEDO社のブランド)に対抗してダスラーは、「ARENA」というブランド製品をつくり、攻勢を仕掛けた。莫大な資金を投入し水泳競技に強い旧東ドイツ、旧ソ連をはじめ世界中で契約を結び、「SPEEDO」のシェア切り崩しを図った。アメリカの市場をめぐるシェア争いは、熾烈さを極めた。独占的な地位を得る「SPEEDO」社がPRを主戦力にしたのに対しダスラーは、契約金や契約条件で煽る、いわば札束攻勢を仕掛ける戦略をぶつけた。両社の競争激化で一時は収拾のつかない事態にまで陥ったが、結局、ダスラーの切り崩しは成功し、市場を二分するに至った。「SPEEDO」社の国際マーケティンググループの一員としてアメリカ、イギリス、ドイツ、オーストラリア、カナダなどのスタッフと行動を共にした日本のメーカーの幹部は、こう述懐する。

「打倒SPEEDOに賭けるダスラーの執念は凄まじいもので危機感を肌で強く感じたものです」

オリンピック招致とダスラー

サマランチ会長体制がスタートしてから一年後の一九八一年、旧西ドイツのバーデンバーデンでIOC総会が開かれた。一九八八年オリンピック大会の開催地を決定する選挙が総会の最重要事項であった。立候補した名古屋とソウルは、対照的といってもいい選挙戦を展開した。

前評判では、圧倒的に名古屋が優勢であった。名古屋の関係者ばかりでなくメディアも経済大国日本が韓国に負けるわけがない、という驕りと根強い差別意識の入り混じった見方をしていた。名古屋側のリーダーは、愛知県出身の清川IOC委員であった。「IOC委員は誇りを持っているので、派手な招致活動をやらなくても名古屋の優位は動かない」と楽観していたこともあったのであろう、清川氏の方針が貫かれた。

一方、ソウル側は、名古屋と対照的に暗号名「サンダーバード作戦」と呼ばれる大がかりな招致工作を展開した。現地の山荘を何軒も借り切って、夜な夜なIOC委員を招き入れさまざまな接待をする、というのも工作の一つだった。しかし、最も重要な工作は、すべて裏で行なわれた。その中心人物は、ダスラーであった。韓国側とダスラーがどのような経緯で手を結んだのか。韓国のジャーナリスト、池東旭氏は著書『韓国シンドローム』（ダイヤモンド社刊）のなかで、欧米諸国のIOC委員が韓国側の説得に冷たい反応しか示さず、憔悴しているときにダスラーが接近してきたと指摘する。ダスラーと韓国側の代表、朴鐘圭国際射撃連盟会長(故人、元大統領室長)との重要なやりとりを、こう記している。

ダスラー会長と朴鐘圭国際射撃連盟会長は人目を避けて深夜会議を開いた。ダスラー会長の要求は簡単だった。

「IOC委員八三人のうち四四人のソウル支持を取りつけることを約束する。そのかわり米大陸地域テレビ中継料の交渉権とオリンピック後援事業に参加する海外企業の選定権を与えてほしい」

韓国側はこのダスラー会長の要求を呑んだ。

ダスラーは、ソウル票を集めるために、これまで築いてきた人脈を総動員した。主だった顔ぶれは、サマランチIOC会長をはじめFIFA会長でIOC委員でもあるアベランジェ(ブラジル)、IAAF会長でAISOF(夏季オリンピック競技種目連合)会長のネビオロ(イタリア)、ANOC(国内オリンピック委員会連合会)会長のバスケス・ラーニャ(メキシコ)、国際ボクシング連盟事務総長のチョードレー(パキスタン)などである。

ダスラーの工作は、功を奏し、選挙の結果名古屋の二七票に対してソウルが五二票を獲得し、大逆転で開催地に選ばれた。ダスラーが中心となって展開した工作と利権や金品による買収が含まれているのは、間違いない。現地のホテルのスイートルームにおかれた韓国側の作戦本部で朴氏に会った日本人記者は、山と積まれたドル紙幣を目撃した、と話してくれた。IOC委員の誇りを信頼していた清川氏の判断は、根本から間違っていた。買収を容易に受け入れるＩＯＣ委員の体質を露骨に見せつけられ清川氏はさぞかし愕然としたことであろう。

「何でもあり」の状態の中でダスラーによる大がかりな買収工作によって誕生したサマランチ会長体制のもとで、裏で操るダスラーの影響力は、一段と強化された。それに伴い、ＩＯＣは、拝金主義、金権体質の組織へと変質していった。

ダスラーとＩＳＬ

一九八二年もダスラーにとってビジネス戦略上、極めて重要な年となった。

まず、同年五月にダスラーは、ＩＯＣ本部のあるスイスのローザンヌでロサンゼルス・オリンピック（一九八四年）の大会組織委員会委員長ピーター・ユベロスに出会う。この二人を仲介したのは、当時ＩＯＣの事務総長だったモニク・ベルリュー夫人だった。ベルリュー夫人は、ブランデージ会長時代からその職に就いていて財政を全て握るなど会長以上の実権を持つとさえ言われた。後に、サマランチ会長は独裁的な権力を握るうえで邪魔な存在と考えベルリュー夫人を解任した。

ユベロスは、自伝『ユベロス』（講談社刊）にダスラーとの対面の様子をこう記している。

その晩再びベルリュー夫人と夕食をともにしたが、今回はホルスト・ダスラーにも同席してもらった。ダスラーは、世界最大のスポーツウェア・メーカー、アディダスの社長であり、国際スポーツ界で大きな影響力を持つ人物の一人だ。その商才と強靭な意志、寡黙な性格は、アディダス社の創設者であるアディ・ダスラーから受け継いだものだという。

(中略)彼はいつも大型の小切手を持ち歩いている。アディダス社は各国NOCやスポーツ連盟に高額のライセンス料を払う。また、選手たちにも自社製品を身につけてもらうために金を払う。(中略)その夜ダスラーは、私を脇に呼び、こう忠告してくれた。「ピーター、私は一九四八年のロンドン・オリンピック以来、すべての組織委の委員長を知っている。それぞれ大きな才能と弱点を持っていた」

この対面でユベロスは、ロサンゼルス・オリンピックのオフィシャル・サプライヤーにアディダスを選定することに決めた、という。

オリンピック大会に徹底した商業主義を導入することを考えたユベロスと出会うことで、ダスラーは、新しいオリンピックビジネスを立ち上げるヒントを得たようだ。

この年には、スペインでサッカー・ワールドカップが開催された。大会の最中にダスラーは、アベランジェFIFA会長をはじめ全役員、参加国団長、大会スポンサーなどを集めて盛大なパーティを催した。その目的は、電通と共同出資して設立するISL(インターナショナル・スポーツカルチャー・アンド・レジャーマーケティング)という新会社のお披露目であった。

もともとワールドカップをはじめヨーロッパ選手権などを国際的なビッグイベントに仕上げたのは、イギリスにあるウエストナリーというスポーツビジネス会社であった。同社は、ワールドカップ、ヨーロッパ選手権、カップウイナーズカップ、チャンピオンクラブカップの四大会を「インターサッカー四」というパッケージにして、スポンサーシップのセールスを行なった。

ダスラーもスイスにスポリスというスポーツ関連の権利ビジネスを行なう会社を設立し、ウエストナリーとも協力関係にあった。しかし、ダスラーは、スポリスを主体とし日本企業を取り込む狙いで電通をパートナーに加えてISL（資本金二〇〇万スイスフラン。出資比率スポリス五一％、電通四九％）を創立し、ウエストナリーからインターサッカー四の権利を奪い取った。その裏に、ダスラーの人脈に属するFIFAのアベランジェ会長の働きがあったのは明らかだった。

その後もダスラーは、IAAF会長のネビオロを操って世界陸上選手権など九つのイベントを手中にし、さらにIOCのサマランチ会長を動かしてオリンピックビジネスで独占的な権利を獲得するなど破竹の勢いだった。

ダスラーの死

一九八四年のロサンゼルス・オリンピックで大会組織委員会は、商業主義の導入によって二億五〇〇〇万ドルの利益を上げた。テレビ放送権とともに収入源の柱になったのは、スポンサーシップであった。一業種一社に限ってスポンサーシップ契約（一社四〇〇〇万ドル以上）をしたものに五輪マークやエンブレムなどの使用権を与える、というものだ。

ロサンゼルス方式とも呼ばれた、この新しいスポンサーシップに目をつけたＩＯＣは、ダスラーと共同して新たな財源確保策として「ＴＯＰ」(The Olympic program の略) を編み出した。一業種一社に限定して五輪マーク、エンブレム、マスコットマークの使用権を与えるというロサンゼルス方式を採り入れたうえで、新たに使用権の及ぶ範囲をワールドワイドに拡大した。この五輪マークなどの商品化について独占権を得たのは、当然のごとくＩＳＬだった。

一九八八年ソウル・オリンピックから「ＴＯＰ1」(一社一〇〇〇万ドル以上) が始まり外国企業七社、日本企業二社が参加した。ダスラーにとって、「ＴＯＰ」は、最後のビジネスになった。ソウル・オリンピックの前年、ダスラーは病死した。ダスラー人脈に属していた者の受けた衝撃は、さぞかし大きかったであろう。

「私は非常に悲しい。ホルスト・ダスラー氏はスポーツの発展のために、発展途上国において大いに貢献してくれた。彼はオリンピック運動にとって偉大なる友であった」(サマランチＩＯＣ会長)

このような弔辞や声明にもダスラーの存在の大きさをうかがうことができる。そして、実際にダスラーの影響力を失ったアディダスは、一気に勢いをなくし、挙げ句の果てに身売りする事態となった。ダスラーのファミリーが株を持ち娘の夫が経営者となってＩＳＬは存続したもののビジネスは順調とは言えなくなった。一九九七年には、五輪マークの商品化を独占してきたＩＳＬに替わってメリディアンという新会社（IOCが五〇パーセント出資）が権利を取得した。一九九八年サッカー・ワールドカップのフランス大会の際、ISLは、入場チケットでトラブルを起こしている。現在、ISLは、二〇〇二年、二〇〇六年のワールドカップ二大会のアジア地域における放送権の販売権を持ち、NHKと民法の連合事業体であるJC（ジャパン・コンソーシアム）と交渉に入っている。一九九九年九月三日、ISLに関するプレス・レリースがメディアに流された。主な内容は、二〇〇二年の日韓共催のワールドカップに関連する活動を推進するために一九九九年一二月に東京オフィスを開設すること。二〇〇二年ワールドカップに関するすべてのマーケティングや営業活動を展開すること。二〇〇二年ワールドカップのテレビ放送権を独自で販売すること。などなど。注目したいのは、次のような部分である。

「ISLは、電通と長年にわたり友好関係を構築してきたことは事実ですが、電通がFIFAワールドカップの日本におけるテレビ放送権の販売代理店に正式に指名されているという事実はありません。FIFAワールドカップの日本におけるテレビ放送権の販売はISLが独自に行なっており、電通は関与していません」

ISLは、日本向けの放送権料として約六二〇億円という法外な金額を提示し、JCはそれを拒否した。そこでISLに出資している電通がISLの委託代理人として交渉に当たろうとしていた。それに対してISLは、電通を代理人とは認めないとして拒否したものだ。ISLの強靭な姿勢について電通の関係者は、こう話した。

「ダスラーが亡くなってから、ＩＳＬも変わりましたね。自分の得た権利をただ売ればいい、というだけなんです。ダスラーなら、日本の事情を詳しく知ったうえで電通を積極的に利用したでしょう」

この放送権販売交渉では、最終的に電通が仲介するかたちで契約にこぎつけた。

電通関係者はＩＳＬの経営が危ないと見ていた。

「ダスラーという顔があってのＩＳＬで、その顔がなく、しかも商才のない経営者では、ＩＳＬの先行きは暗い」

ダスラーの死は、世界のスポーツビジネス界に多大な影響を与え、勢力図が書き換えられるほどの変化をもたらした。その一方、ダスラーのビジネス戦略は、人や組織が変わっても生き続けている。また、ダスラー人脈もサマランチＩＯＣ会長が中心となって引き継がれ、ＩＯＣをはじめとして国際競技連盟などの組織を動かしてきた。

しかし、一九九八年末に発覚したソルトレークシティ冬季オリンピック招致をめぐるＩＯＣ委員の買収疑惑は、ダスラー人脈がもたらした拝金主義や金権体質にとことん汚染されていることをさらけだした。そればかりでなく、政商、フィクサー、そしてマフィアとまでいわれたダスラーの隠された闇の世界をサマランチＩＯＣ会長、金雲竜、ネビオロ、バスケス・ラーニャなどのＩＯＣ委員たちは引きずってきているように思える。そうした闇の世界を徹底的に排除しないかぎりＩＯＣの改革は、果たせないだろう。しかし、理念も倫理もなく市場経済に取り込まれて経済第一主義の流れに沿うことを優先させる考え方では、闇の世界を排除するのは到底不可能だ。

それにもかかわらず、メディアは、「オリンピックはすばらしいものだ。悪いのはＩＯＣ委員たちだ」というような問題の本質を見誤らせる報道を行なっている。もっとも問題なのは、オリンピックそのものがマネーへの隷属やドーピングなどに象徴されるように精神的・肉体的荒廃を蔓延させ、人間の尊厳を著しく損なわせている、ということだ。ダスラーが繰り広げたさまざまな戦略の負の遺産を清算し、闇を排除するためには、人間の尊厳を確立することにつながるスポーツについての強靭な思想や倫理を持たなければならないと考える。

あとがき

テレビメディアの急速な発展によって、世界各地で生産される多種多様な大量のスポーツ報道が地球規模で流され、消費される時代を迎えている。

メディアの戦略は、感動を与え、興奮を引き起こす娯楽の目玉商品の一つとしてスポーツ報道を生産（様々な演出を加える）し、それを視聴者に消費させることである。巨額の放送権料を投資することからメディアは、娯楽としての商品価値（視聴率を基準として）を厳しく求めスポーツを選別するとともに、より商品価値を高めるためにスポーツイベントを主催するスポーツ競技団体に演出を凝らして華麗でエキサイティングなイベントへとショーアップするよう促す。

「テレビ向きでない競技は切るべきだ」と、ＩＯＣ（国際オリンピック委員会）のサマランチ前会長は、公言した。ＩＯＣにとって放送権料収入は財源の柱であり、巨大テレビ局の意向には一切逆らえない。ワールドカップを主催するＦＩＦＡ（国際サッカー連盟）にしても同じ事情である。放送権を背景にして、今やテレビメディアは、スポーツ界に支配的ともいえる影響力を持っているのだ。

また、巨大多国籍企業は、テレビ媒体の効果を計算し広告宣伝をはじめビジネスチャンスを求めてスポンサーやサプライヤーとしてスポーツイベントに参入する。さらに、テレビによるスポーツイベントの地球規模化は、国威発揚や国民統合などの国益を求める国家の間に勝利中心主義の激しい競争を生じさせている。要するに、スポーツは娯楽というだけでなく、経済的利益や国益追求の対象でもあるのだ。

日常的にテレビから流されるスポーツ報道を単に消費する（感動したり、熱狂したりして）だけでなく、その裏に錯綜した思惑が隠されていることを知らなければならない。なぜなら、そうした思惑に影響されてスポーツ世界に多くの深刻な問題が起きているからである。

平和な社会をつくることにこそ、もっとも尊重されるべきスポーツの生命がある。しかし、国家主義（ナショナリズム）、勝利至上主義、経済的利益追求主義などによって、そのスポーツの生命が無残に殺されている。その現実を歴史的に検証し批判することによってしかスポーツの生命を救う道は見い出せない、と私は考える。

あまりに過激で挑発的過ぎるとそしられるかもしれないが、私の問題認識や批判の視座を集約して「スポーツを殺すもの」というタイトルにした。

私の願いは、娯楽としてスポーツを消費するだけでなく、スポーツの現実に真正面から向き合い、スポーツがどうあるべきかを考える、そうした手だてとしてこの本が少しでも役に立ってほしいということである。異論や反論があって当然だし、まともな議論につながるきっかけになれば、これほど幸いなことはない。

第Ⅰ部は、『週刊金曜日』の連載コラム六〇回分（連載は続いている）をテーマ別に再構成したものである。この連載に当たっては、編集を担当してくれた伊田浩之さんから毎回のように適切なアドバイスを受け励まされた。ここに改めて感謝の意を表したい。

第Ⅱ部は、『週刊金曜日』の特集をはじめ他の雑誌に掲載した文章をまとめたものである。

こうして私の書いたものが一冊の単行本として出版されることになったのは、花伝社の平田勝さんの尽力によるものであり、心から感謝の気持ちを記させていただきたい。

初出一覧

○『週刊金曜日』連載「谷口源太郎の一望無垠」　一九九九年一一月二六日〜二〇〇二年六月七日
○サッカー・ワールドカップとＦＩＦＡの内紛　月刊誌・『創』二〇〇二年七月号
○サッカー・ワールドカップ放送権暴騰の背景とその波紋　『ＡＵＲＡ』一五一号（二〇〇二年二月）
○これが平和の祭典か　『週刊金曜日』二〇〇二年二月二二日号
○原発推進のお先棒を担ぐスポーツ界の貧困な思想　『週刊金曜日』二〇〇〇年四月二一日号
○コクドが青森にやってくる　『週刊金曜日』二〇〇〇年五月一二日号
○ホルスト・ダスラーの戦略　『現代スポーツ評論』創刊号（一九九九年一一月）

谷口源太郎（たにぐち・げんたろう）

1938年、鳥取市に生まれる。早稲田大学中退。講談社、文芸春秋の週刊誌記者を経て、1985年からフリーランスのスポーツジャーナリスト。新聞、雑誌、テレビ・ラジオを通じて、スポーツを社会的視点からとらえた批評をてがける。1994年から95年にかけて東京新聞に連載した「スポーツウォッチング」で94年度「ミズノ・スポーツライター賞」を受賞。立教大学非常勤講師、メディア総合研究所運営委員。
著書に、『冠スポーツの内幕』(日本経済新聞社)、『堤義明とオリンピック』(三一書房)、『スポーツの真実』(三一書房)、『日の丸とオリンピック』(文芸春秋社) などがある。

スポーツを殺すもの

2002年10月 13日　初版第1刷発行
2004年 8月 10日　初版第2刷発行

著者 ——谷口源太郎
発行者 ——平田　勝
発行 ——花伝社
発売 ——共栄書房
〒101-0065　東京都千代田区西神田2-7-6 川合ビル
電話　03-3263-3813
FAX　03-3239-8272
E-mail　kadensha@muf.biglobe.ne.jp
http://www1.biz.biglobe.ne.jp/~kadensha
振替 ——00140-6-59661
装幀 ——廣瀬　郁
写真提供——(株) フォート・キシモト
印刷 ——中央精版印刷株式会社

ISBN4-7634-0391-5　C0036